Johannes Reimer

FLUCHT ÜBER DEN STROM DES SCHWARZEN DRACHEN

Johannes Reimer

Flucht über den Strom des schwarzen Drachen

Das Leben der Maria DeFehr

francke

Über den Autor:
Dr. Johannes Reimer ist Professor an der Universität von Südafrika, Gemeindegründer und Autor verschiedener Bücher zum Thema Gesellschaftstransformation.

Bibliografische Information Der Deutschen Bibliothek
Die Deutsche Bibliothek verzeichnet diese Publikation in der Deutschen Nationalbibliografie; detaillierte bibliografische Daten sind im Internet über http://dnb.ddb.de abrufbar.

ISBN 978-3-86827-189-8

35037 Marburg an der Lahn
Umschlagbilder: © shutterstock / Maslov Dmitry
© shutterstock / zebra0209
Umschlaggestaltung: Verlag der Francke-Buchhandlung / Christian Heinritz
Satz: Verlag der Francke-Buchhandlung GmbH
Druck: Bercker Graphischer Betrieb, Kevelaer

www.francke-buch.de

Inhaltsverzeichnis

Nicht mein Gebet,
Nicht meine Tränen,
Mein Wirken nicht,
Nicht meine Pein,
Auch nicht mein Ringen
Und mein Sehnen –
Es muss nur Gnade, Gnade sein.

Eva von Thiele-Winkler
(Lebensvers von Maria DeFehr)

Meiner Mutter
Katharina Reimer
gewidmet

Vorwort

„Ich sinne oft darüber nach, wie die Wege des Einzelnen zu erklären sind, finde aber nur in wenigen Fällen eine Antwort", schrieb Maria DeFehr in ihren Erinnerungen.

Als Kind wohlhabender mennonitischer Bauersleute, Jakob und Emilie Reimer, in der Kubaner Ansiedlung geboren, erlebte sie eine unbeschwerte Kindheit und eine von Revolution, Bürgerkrieg und Verfolgung überschattete Jugend. Tief war der Kelch, den diese Frau zu trinken hatte. Manch ein anderer hätte dabei sowohl den Mut als auch den Glauben an Gott verloren. Nicht aber Mia, wie man sie zu Hause liebevoll nannte. Mit einer unbegreiflichen Durchsetzungskraft schlug sie sich durch das Dickicht sowjetischer Verfolgung und floh schließlich in einer abenteuerlichen Flucht über den Amur, den Grenzfluss zwischen Russland und China, den die Einheimischen „Fluss des Schwarzen Drachen" nennen, nach China.

Über China gelangte Mia nach den USA, wo sie an der Universität studierte und schließlich Lehrerin wurde - dies nicht nur ganz ohne ihre Familie, sondern aus der Ferne sorgte sie sogar für die in Russland zurückgebliebenen Angehörigen. Später heiratete sie Abram DeFehr, einen rührigen und geschäftstüchtigen jungen Mann aus Winnipeg in Kanada, der ebenfalls auf abenteuerlichen Wegen dem sowjetischen System entronnen war. Sie gründeten eine Familie, die bald weit über Kanada hinaus sowohl auf wirtschaftlichem als auch auf geistlichem Gebiet bekannt wurde. Die einst so stille und bescheidene Frau vom Kuban widmete sich nun der Erziehung ihrer Kinder und der Gemeindearbeit. Die Frucht ihres Lebens ist unvorstellbar groß.

Ich bin seit Jahren mit ihrem Sohn Arthur DeFehr befreundet und habe immer wieder seinen Mut bewundert, alles einzusetzen, wenn es um die Sache der Mission ging. Ein reicher Industrieller wie er hätte es bestimmt nicht nötig, sein eigenes Leben und das Leben seiner Familie immer wieder in Gefahr zu bringen. Aber er hat es getan. Wir haben manch eine dieser nicht ungefährlichen Reisen gemeinsam durch das sowjetische Reich gemacht.

Was hat ihn und seine Geschwister, die sich ähnlich für die Sache Gottes einsetzen, so werden lassen? Unmissverständlich weist Arthur auf seine Mutter. Sie ist es wohl gewesen, der er eine Leidenschaft für echtes Leben zu verdanken hat, ein Leben, das sich nicht an der Menge der Besitztümer messen lässt. Ihr Lebenszeugnis und ihre konsequente Erziehung haben sein Leben und das Leben seiner Geschwister entscheidend geprägt.

Beeindruckt vom Leben meiner Freunde entschloss ich mich, dieses Buch zu schreiben. Dabei stehen vor allem Frauen und Mädchen im Vordergrund, die ähnlich wie Mia in den Mühlen des sowjetischen Systems aufgewachsen sind und denen man immer wieder den Zugang zu Bildung und gesellschaftlichem Engagement verweigerte. Die Lebensgeschichte von Mia soll dem Leser Mut machen, aus dem eigenen Leben mehr zu machen. Gott hat auch Ihnen wunderbare Gaben gegeben, die in Beruf, Familie, Gemeinde und Gesellschaft eingesetzt werden können und müssen. Maria Reimer DeFehr hatte das begriffen und gelebt, und das trotz aller nur erdenklichen Schicksalsschläge. Es ist mein Wunsch und Gebet, dass sich ähnliche Geschichten wiederholen.

Bei der Abfassung des Buches konnte ich auf die Lebenserinnerungen von Maria DeFehr, die von Gerhard Lohrenz aufgeschrieben wurden, zurückgreifen. Das hat die Arbeit wesentlich erleichtert. Auch bin ich der Familie DeFehr dankbar für alle Hinweise und Korrekturen während der Entstehung des Buches.

Dieses Buch ist meiner Mutter, Katharina Reimer, gewidmet. Auch sie hat unbeschreibliches Leid erlebt, aber im Unterschied zu Mia war es ihr nicht vergönnt, die sowjetische Hölle zu verlassen. Sie konnte nie studieren, hat aber uns Kinder mit allen nur erdenklichen Mühen und Mitteln im Studium unterstützt. Danke, Mama!

Johannes Reimer, im Sommer 1999

Kapitel 1

Kindheit im Schatten des Kaukasus

Jakob Reimer betrat festen Schrittes sein geräumiges Haus. Ein Knecht hatte ihm die Nachricht übergebracht: Seine Frau Emilie, die gerade ihr viertes Kind erwartete, fühle sich schlecht und er solle schnell kommen. In jedem anderen Fall wäre er wahrscheinlich bei der Arbeit geblieben, denn solche „Weiber-Wehwehchen" vermochten den als überaus streng geltenden Mann nicht so schnell abzulenken. Aber Emilie war im achten Monat schwanger und hatte schon öfter über Wehen geklagt. Noch gestern befürchtete sie, das Kind zu verlieren – ein Gedanke, der dem Musterbauern aus Wohldemfürst ein ungekanntes Gefühl von Angst einflößte. Sollte Gott ihn nun dadurch bestrafen wollen, dass er seit Jahren seiner Frau die Taufe verwehrte? Und er selbst, wusste er nicht auch schon lange, dass er sein Leben mit Gott in Ordnung bringen musste? Nicht zum ersten Mal kamen ihm solche düsteren Gedanken. Sie verfolgten ihn schon seit Langem.

Als Kind tiefgläubiger Eltern war er hier in Wohldemfürst geboren. Sein Vater, Kornelius Reimer, hatte das Dorf zusammen mit seinem Schwager Johann Klassen gegründet. Sie waren damals den Streitigkeiten in ihrer Heimat Lindenau an der Molotschna aus dem Weg gegangen, die infolge ihres Austritts aus der Mennonitengemeinde entstanden waren. Nur zwei Jahre nach der Gründung der Mennoniten-Brüdergemeinde hatte sich Kornelius zusammen mit fünf weiteren Delegierten auf den Weg gemacht, um das Land am Kuban zu besichtigen. 67 Familien siedelten dann im Laufe des Jahres 1864 hier am linken Ufer des Kuban zwischen der Mündung des Großen Selentschuk und der Staniza Nikolajewskaja in zwei Dörfern an. Das untere, nördlich gelegene Dorf erhielt zu Ehren des Kaisers Alexander II. den Namen Alexanderfeld, das obere Dorf wurde zu Ehren des Großfürsten Michail Nikolajewitsch, dem Statthalter der Region Kaukasus, Wohldemfürst genannt.

Jakob war gerade zwei Jahre alt, als sein Vater 1874 plötzlich verstarb. Er hinterließ eine Witwe mit fünf Kindern.

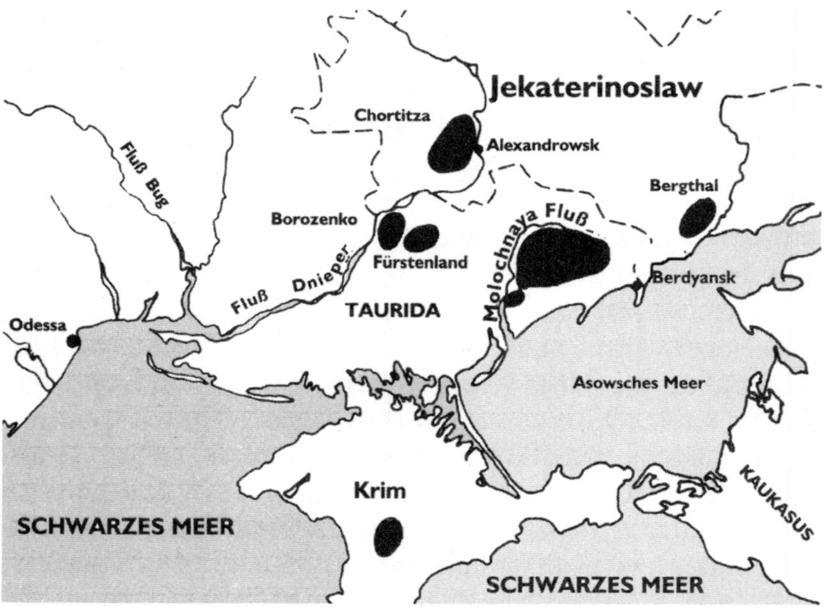

Mennonitische Kolonien in Südrußland

Jakob war der Jüngste. Seine Mutter heiratete bald wieder, und aus der Ehe mit dem Witwer Abram Matthies wurden weitere drei Kinder geboren: Isaak, Hans und Tina. Dann verstarb auch die

Mutter. Es ist nichts darüber bekannt, wie die Kindheit von Jakob verlief, oder gar darüber, wie sich seine Beziehung zum Stiefvater gestaltete. Seine enge Beziehung zu den älteren Geschwistern und ein gespanntes Verhältnis zu den Halbgeschwistern deuten jedoch an, dass diese Beziehung nicht einfach war. Ob es nun die eventuellen Ungerechtigkeiten in seinem Elternhaus oder die sich bald nach der Gründung des Dorfes Wohldemfürst ausbreitenden Auseinandersetzungen zwischen der Mennoniten-Brüdergemeinde und den Templern waren – jedenfalls entwickelte Jakob einen unerschütterlichen Sinn für Gerechtigkeit. Jede klitzekleine Ungereimtheit im Leben der örtlichen Christen störte ihn und schien ihm den Weg zur Gemeinde und zu Gott zu versperren.

Emilie, seine brünette, hochgewachsene und überaus hübsche Frau kam aus einer armen lutherischen Familie von der Krim, die sich hier einer reformierten Gemeinde angeschlossen hatte. Ihre Eltern, Martha und Michael Zeh, hatten fünf Kinder: Emilie, die Älteste, dann Pauline, Martha, Samuel und David. Mutter Martha arbeitete als Hebamme und war oft außer Haus. Emilie musste daher schon sehr früh für ihre Geschwister sorgen. Michael Zeh verstarb noch auf der Krim, sodass Martha wenig später einen Witwer heiratete, der zu den Templern gehörte. Bald nach ihrer Heirat zogen sie an den Kuban und siedelten in den Mennonitendörfern dort an. Sie waren arm und zeichneten sich nicht besonders unter den Templern aus.

Zwischen den Mennoniten in Wohldemfürst und Alexanderfeld und den benachbarten deutschen Templern bestanden von Anfang an gute nachbarschaftliche Beziehungen, sie feierten zunächst sogar gemeinsame Gottesdienste. Dann wechselten einige Mennoniten zu den Templern. Spannungen waren vorprogrammiert. Im Alltag bestanden jedoch gute Kontakte zwischen den Familien. Auf jeden Fall lernte Jakob Emilie durch diese Kontakte kennen und verliebte sich prompt in sie. Da war er wohl nicht der Einzige. Emilie galt als das schönste Mädchen im Dorf. Sie hatte tiefschwarze Augen, und ihr schwarzes Haar war lang und lockig. Ihrer dunkel getönten Haut wegen hielt man sie manchmal für eine Armenierin.

Emilie war 19 Jahre alt, als Jakob sie im Jahre 1900 bat, seine Frau zu werden. Er berichtete ihr nicht viel darüber, welche Verwirrung dieser Heiratsantrag in seiner mennonitischen Verwandtschaft auslöste. Für die Mennoniten galt es als grundfalsch, jemanden „von außen“ zu heiraten – dazu noch eine „Templerin“. Die Übertritte von Mennoniten zu den Templern belasteten schon seit Längerem die sonst guten Beziehungen zwischen den beiden Gruppen deutscher Bauern. So sparte man auch nicht mit Ermahnungen, wenn es publik wurde, dass jemand von den eigenen Leuten sich für einen Partner unter den Templern entschied.

Für Jakob hatte die Verwandtschaft bereits ein reiches Mädchen aus der Molotschnauer Heimat ausersehen. Gegen seinen Willen hatte er gar eine Reise dahin unternommen. Aber sein Herz wollte nicht. Es hatte sich ganz und gar an die arme, aber hübsche Emilie Zeh gehängt. Aus der Molotschna zurückgekehrt, erfuhr er, dass sich Emilies Familie mit einer Reihe anderer Templer auf die baldige Ausreise nach Palästina vorbereitete. Er musste sich also sofort entscheiden. Und das tat er auch: Ohne Zögern bat er Emilie um ihre Hand. Auch sie hatte schon lange viel für den gutaussehenden und wohlhabenden mennonitischen jungen Mann übrig. Aber von einer Partie mit ihm wagte sie erst gar nicht zu träumen. Sein Antrag kam daher wie aus heiterem Himmel. Ihre Eltern willigten bald ein. Anders verlief die Sache im Hause Matthies. Beide, Mutter wie Stiefvater, schlugen die Hände über dem Kopf zusammen. Ihr Sohn wollte eine Schwäbin lutherischen Glaubens und dazu noch aus einem Templerhaus heiraten – eine Sache der Unmöglichkeit! Aber der entschlossene Blick von Jakob verriet den verzweifelt nach Argumenten suchenden Eltern, dass er die Entscheidung unwiderruflich getroffen hatte. Nun blieb auch ihnen nichts anderes übrig, als dem Ansinnen des Sohnes zuzustimmen. Wenigstens bis Ende des Sommers sollte er noch warten. Aber auch das schien unmöglich. Die Templer-Verwandtschaft saß bereits auf gepackten Koffern, und eine Hochzeit ohne ihre Verwandtschaft konnte sich Emilie nicht vorstellen. Jetzt musste schnell gehandelt werden. Emilie und Jakob heirateten am 12. August, inmitten der Ernte, ein sonst für die bäuerlichen Mennoniten seltenes Ereignis.

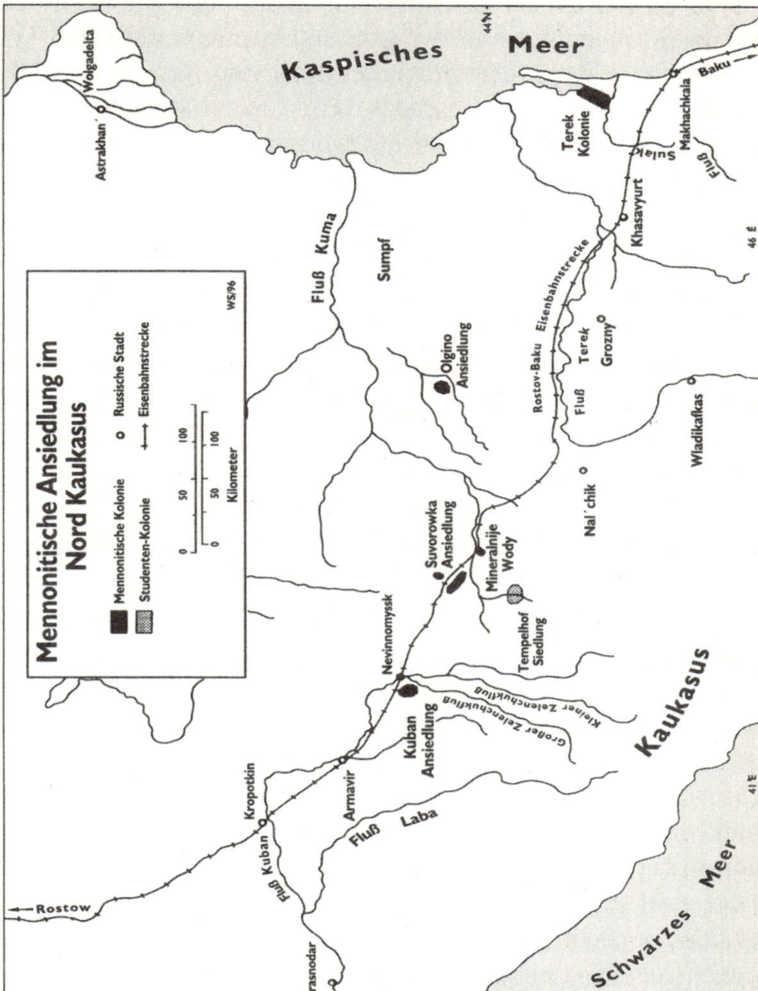

Mennonitische Siedlungen im Nord-Kaukasus

Die Heirat und das unselige Gerede drumherum rissen die sowieso schon vorhandene Kluft zwischen Jakob und seinen mennonitischen Glaubensvorbildern nur noch tiefer. Welches Recht hatten schließlich diese Männer und Frauen aus der Mennoniten-Brüdergemeinde, über sein Glück und seine Liebe mitzuentscheiden?

Ihn ärgerte das Gerede. Sein Schwager Cornelius Wiens war Ältester der Gemeinde. So wie er gehörten alle seine nächsten Verwandten der Mennoniten-Brüdergemeinde an. Nur Jakob nicht. Irgendetwas störte ihn noch, sein Leben ganz persönlich in die Nachfolge Jesu zu stellen. Und die Erfahrungen mit seiner Heirat trugen nicht gerade zur Lösung dieser Spannungen bei.

Jakob und Emilie Reimer, die Eltern von Mia, in Wohldemfürst im Jahre 1907. Privatarchiv Arthur DeFehr in Winnipeg, Kanada.

Emilie war als Kind getauft worden und gehörte offiziell zu der Reformierten Gemeinde in ihrem Dorf. Aber der persönliche Glaube der Mennoniten-Brüder hatte Emilie bald in seinen Bann gezogen, und kurz nach ihrer Heirat bekehrte sie sich zum persönlichen Glauben an Jesus Christus in der Mennoniten-Brüdergemeinde. Sie hatte eine schwere Jugend gehabt, mit einer Reihe negativer Erfahrungen. Die persönliche Hinwendung an Jesus schien ihr einen Weg zu bieten, diese Erfahrungen zu verarbeiten.

Wieder verstand Jakob die Welt nicht. War es doch die Liebe zu Emilie, die ihm so viele Unannehmlichkeiten mit seinen gläubigen Verwandten gebracht hatte. Jetzt drängte sie ihn Jahr für Jahr, sich doch auch zu bekehren oder ihr wenigstens zu erlauben, sich taufen zu lassen. Aber Jakob winkte ab. Wenn schon taufen, dann zusammen, und er war nun einmal noch nicht so weit. Sein eigenes Gewissen meldete sich oft, aber er brachte es geschickt zum Schweigen, denn Beispiele von Unvollkommenheit lieferten ihm die Gläubigen in der mennonitischen Kolonie zuhauf.

Und dann war da noch die Arbeit. Jakob war ein fleißiger und überaus erfolgreicher Bauer. In Wohldemfürst gehörten ihm zwei Vollwirtschaften mit je 65 Desjatin (ca 1000 ha) Land. Außerdem besaß er noch zusammen mit seinem Bruder Cornelius etwa 20 Kilometer von Wohldemfürst entfernt ein großes Gut mit 400 Desjatin Land. Eine so große Wirtschaft verlangte seine ganze Zeit. Nicht dass Jakob nur an das liebe Geld dachte. Es war geradezu umgekehrt: Unermüdlich engagierte er sich in verschiedenen Vereinen der Kolonie. Besonders schätzte man seinen Einsatz als Wirtschaftsfachmann.

Aber mit dem Glauben wollte es nicht werden. Auch jetzt, als er sein Haus betrat und zu Emilie eilte, quälten ihn die gleichen Gedanken.

„Das Kind ist schon geboren“, rief ihm eine seiner Mägde entgegen. „Es ist ein Mädchen!“

„Schon geboren?“, das verstand Jakob nicht. „Aber das ist zu früh. Heute ist doch erst der 8. Mai. Ein Monat zu früh!“ Verwirrt lief er ins Schlafzimmer und sah seine von der Geburt geschwächte Frau und dann den bewegungslos daliegenden Säugling an. Es war ein Mädchen. Tränen würgten ihn. Eine gemischte Welle von Wehmut, Mitgefühl, Ärger und Angst überkam ihn.

Emilie sah ihren Mann müde an und sagte kaum hörbar: „Es ist ein Mädchen. Sie soll Maria heißen, wie du vorgeschlagen hast.“

Währenddessen verpackten die helfenden Frauen die kleine Maria in Wickelkissen. Dicke Watteschichten wurden um den kleinen Körper gepackt, um ihn auf diese Weise so hermetisch wie möglich von der noch neuen Umwelt abzuschirmen.

Die Tage und Wochen nach der Geburt von Maria waren voller spannender Erwartung. Würde sie überleben? Frühgeburten wie diese endeten immer noch in den meisten Fällen mit dem Tod des Kindes. Zu primitiv waren die Umstände, in die das Kind geboren wurde. Aber zum Erstaunen der Familie schien die kleine Maria, die man bald „Mia“ nannte, die Mutterbrust anzunehmen und sich gesund zu entwickeln. Es war am 8. Juni zu Mittag, genau einen Monat nach ihrer Geburt, da hörte die am Mittagstisch versammelte Familie auf einmal einen lauten Schrei. Es war Mia. Zum ersten Mal. Sie hatte es geschafft! Jakob war als Erster an ihrer Krippe. Seine Augen füllten sich mit Tränen. Gott hatte seine vermeintliche Strafe doch nicht walten lassen. Seine Tochter würde leben!

Freude breitete sich im Hause Reimer aus. Auch Emilie freute sich. Abends, als die Kinder längst zu Bett waren, wandte sie sich an ihren Mann und fragte ihn leise: „Jakob, Gott hat uns die Mia wiedergeschenkt. Es ist ein großes Geschenk für uns alle und für dich ganz besonders, das sehe ich. Lass mich doch meinen Dank Gott gegenüber so ausdrücken, dass ich mich nächste Woche taufen lasse. Ein Prediger soll zu uns ins Dorf kommen und in der Brüdergemeinde die Taufe durchführen. Es ist mein sehnsüchtiger Wunsch, dass auch ich getauft werde."

Die Bitte schien Jakob völlig unerwartet zu treffen. Die wochenlange innere Spannung ums Überleben seiner kleinen Tochter war gerade erst verklungen, und er schien keiner inneren Auseinandersetzung mehr gewachsen zu sein.

„Du kennst meine Meinung, Emilie. Ich will nicht, dass du dich taufen lässt. Nein, es kommt jetzt nicht infrage. Du hast genug mit dem Baby zu tun." Seine Worte klangen barsch und trocken, als würden sie von jemand gesprochen, der den ganzen Tag auf dem Markt Schweine angeboten hatte und nun völlig heiser geworden war. „Nein, jetzt noch nicht, Emilie", setzte er nach und verließ das Schlafzimmer.

Diese Nacht konnte Emilie nicht schlafen. Die nervliche Anspannung, die sie die Schwangerschaft hindurch begleitet hatte, die Frühgeburt und jetzt noch die wiederholte Ablehnung ihres Wunsches, getauft zu werden – all das rollte wie ein schwerer Stein auf sie zu.

Am nächsten Morgen konnte sie ihr Bett nicht mehr verlassen. Sie hatte Fieber und verlor immer wieder die Besinnung. Ihr Zustand schien sich von Minute zu Minute zu verschlechtern. Jakob holte einen Arzt, der Emilie untersuchte und dann eine furchterregende Diagnose stellte: Emilie hatte Cholera.

Eine unheimliche Erwartung legte sich um das Haus. Man

kannte solche Fälle in Wohldemfürst nur zu gut. Immer wieder waren Menschen innerhalb weniger Tage gestorben, die man noch am Tag zuvor völlig gesund gesehen hatte. Unerklärlich und unverständlich waren diese Fälle und verursachten im Dorf immer wieder das Gefühl, dass hier Gott selbst eingriff. Auch Jakob war gegen solche Gefühle nicht immun. Einen ganzen Monat hatte er sich mit seinen Ängsten herumgetragen, Gott könnte ihm seine Tochter nehmen. Jetzt war es seine geliebte Frau. Wo hatte sie bloß diese Krankheit her? Niemand, soweit er sehen konnte, war unter seinen Leuten krank. Niemand in der Siedlung hatte Cholera. War dies das Eingreifen Gottes? Sollte das die Strafe dafür sein, dass Jakob ihr die Taufe verweigerte? Die Unruhe packte ihn. Mürrisch ritt er zwischen seinen Gütern hin und her, schrie die Arbeiter an und stand immer wieder hilflos vor dem Bett seiner Frau. Alles nur Erdenkliche hatte er bereits für sie besorgt, aber ihr Zustand verschlechterte sich zunehmend. „Wenn es so weitergeht, wird deine Emilie sterben“, hörte er immer wieder eine innere Stimme sagen. „Du musst handeln und sie zur Taufe zulassen.“ Aber das gerade war so schwer. Einen persönlichen Entschluss zurückzunehmen, sich selbst eine Schwäche einzugestehen - nein, alles andere war für Jakob leichter als das.

Mittlerweile waren die Vorbereitungen zur Taufe in der Mennoniten-Brüdergemeinde abgeschlossen. Die Gemeindestunde mit der üblichen Prüfung der Täuflinge hatte stattgefunden, und das ganze Dorf bereitete sich auf das Tauffest vor. Wo immer Jakob Menschen traf, alle sprachen darüber. Und seine Emilie konnte nicht dabei sein, sondern war sterbenskrank. Und er, Jakob, schien daran schuld zu sein.

Der Taufsonntag kam und wurde als großes Fest im Dorf begangen. Jakob und Emilie waren nicht dabei.

Am nächsten Tag spannte Jakob seine Pferde ein und begab sich zu seinem Gut. Unterwegs dachte er über die Taufe und den Zustand seiner Frau nach. „Du liebst deine Frau“, hörte er auf einmal eine innere Stimme sagen, „aber du bist nicht bereit, ihr den Schritt zu erlauben, den sie doch so gerne tun würde. Sollte deine Frau nun sterben, so wirst du dir bis an dein Lebensende Vorwürfe machen.“ Schwere Schuldgefühle überkamen ihn. Und inmitten der Agonie seiner Schuldgefühle reifte dann plötzlich der Entschluss. „Gott“, betete er, „wenn meine Emilie gesund wird, dann gelobe ich dir, dass sie sofort getauft wird.“ Eine merkwürdige Gewissheit überkam ihn. Irgendwie wusste er, Gott hatte sein Gebet erhört und er musste sofort nach seiner Ankunft nach Wohldemfürst zurück.

Auf seinem Anwesen angekommen, ließ er die Knechte neue Pferde einspannen und fuhr, so schnell er konnte, nach Wohldemfürst zurück. Er war noch nicht auf seinem Hof, da lief ihm einer seiner Knechte mit der frohen Nachricht entgegen, Emilie ginge es auf einmal besser. Das Fieber war gesunken und sie war wieder bei vollem Bewusstsein. Und als Jakob ihr Zimmer betrat, lächelte sie ihn schon wieder fast so an wie früher.

„Emilie, hör mal, Emilie“, unterbrach er sie mitten im Begrüßungssatz, „es tut mir sehr leid, dass ich dich davon abgehalten habe, dich taufen zu lassen. Das war falsch. Heute Nachmittag noch sollst du getauft werden. Ich verspreche es dir.“ Dann setzte er sich auf die Bettkante und nahm liebevoll ihre immer noch heiße Hand in die seine.

Die Taufe sei doch schon vorbei und sie sei ja auch nicht vor der Gemeinde gewesen, wandte Emilie ein. Und außerdem würde der Gastprediger bald abreisen. Aber Jakob Reimer wäre sicher nicht ein so reicher Bauer geworden, hätte er nicht über ein ausgezeichnetes Organisationstalent verfügt. Und auch dieses Mal erwies er sich als Meisterorganisator: Unverzüglich suchte er den Gemeindeleiter auf, seinen Schwager Cornelius Wiens, und bat ihn, für den Nachmittag die Gemeinde zusammenzuholen. Dann fuhr er zu Gemeindediakon Heinrich Friesen, einem persönlichen Freund, und bat ihn, alles für die Taufe vorzubereiten. Beiden erklärte er die ganze Angelegenheit und auch seine Mitschuld in der Sache und bat sie doch dringend, eine Lösung zu erwägen. Als man ihm sagte, der Gastprediger sei bereits abgereist, setzte Jakob diesem nach und holte ihn vom Bahnhof zurück. Die Brüder sahen schnell die Dringlichkeit der Situation ein und beschlossen, entgegen allen Gepflogenheiten der Gemeinde nun der Bitte von Jakob und Emilie zu entsprechen. So fand die Taufe noch am gleichen Tag im Kuban-Fluss vor einem Teil der Gemeinde statt. Emilie war wieder völlig gesund und überglücklich, den Schritt des Gehorsams gehen zu dürfen.

Am Ufer des Flusses stand ihr Jakob. Er war noch lange nicht so weit, es ihr gleichzutun. Aber niemals in seinem Leben wollte er nunmehr seiner Frau und den Kindern verwehren, Gott zu gehorchen. Und an diesem Entschluss hielt er zeitlebens fest.

Zwölf Jahre später erkrankte Jakob selbst, diesmal an Typhus. Seine Nichte Anna Wiens pflegte ihn. Immer wieder sprach sie ihn auf seinen Glauben an; da brach er eines Tages durch und gab sein Leben Jesus. Im Sommer darauf wurde er zusammen mit Bernhard Fast getauft.

Eine glückliche Kindheit

Wohldemfürst war ein schönes Dorf. Eingebettet in Gärten und Grünanlagen wirkte es wie eine grüne Oase über dem reißenden Kuban-Fluss. Vor dem Ersten Weltkrieg lebten hier in beiden Dörfern zusammen an die 2000 Einwohner, wobei etwa 1500 von ihnen Mennoniten waren. Den Dörfern an der Molotschna nachempfunden, teilte eine breite, etwa 2 km lange Dorfstraße das Dorf in zwei Teile. In der Mitte des Dorfes lag die Schule mit der angebauten Lehrerwohnung und direkt dahinter auf dem gleichen Grundstück der Dorffriedhof, zu dem eine lange Eschenallee führte. Am östlichen Rand des Dorfes stand das alte Gemeindehaus der Mennoniten-Brüdergemeinde. Man hatte noch vor dem Krieg geplant, ein neues Gebäude zu errichten, das Baumaterial war bereits gekauft, aber der Krieg und die Ereignisse danach verhinderten den Bau.

Neben der Kirche befand sich das Wolostgebäude und auf dessen Gelände ein kleines Gefängnis, der Schrecken aller kleinen Kinder. Von den ersten Lebenstagen an legten die mennonitischen Eltern ihren Kindern eine tiefe Abneigung und Furcht vor jeglichem Verbrechen und der Gewalt des Staates in die Wiege. Entsprechend groß war dann auch die Angst vor diesem kleinen, unscheinbaren Gebäude. Auch Maria weigerte sich, gar über das Gelände zu gehen, und vermied es, wann immer sie konnte.

Das Dorf hatte eine Reihe Nebenstraßen. Im Westen lag die Anwohnerstraße mit einigen Höfen. Im Volksmund hieß sie Hundestraße, weil es da angeblich so viele Hunde gab. Hier lebten die etwas ärmeren Familien des Dorfes, und deshalb schalten die Erwachsenen die Reimerskinder immer, wenn sie von der Hundestraße sprachen. Am östlichen Rand des Dorfes lagen die Post- und die Holländerstraße. Hier waren die Geschäfte und Fabriken; auch der Dorfarzt hatte hier seine Praxis.

Verließ man Wohldemfürst in Richtung Unterdorf, so musste man an dem imposanten, großen Musikhaus vorbei. Hier übten das Orchester und die Chöre, auch fanden hier alle Dorffestlichkeiten und Versammlungen statt. Hinter dem Musikhaus lag ein Sportplatz mit einer Kegelbahn und anderen Spiel- und Sportgeräten. Dann folgten die schönen neuen Gebäude der Mennonitenkirche und der Bank.

Das große, geräumige Haus der Reimers lag mitten im Dorf an der breiten Dorfstraße, die majestätisch von hohen Pappeln umrahmt wurde. Jakob Reimer hatte es getreu dem mennonitischen Baustil mit angebautem Stall errichtet. Außerdem stand auf dem Hof noch ein großer Speicher. Das Haus hatte gelbe Fensterläden und wirkte von Weitem sehr freundlich und einladend. Jakob Reimer hatte sein Anwesen bis ins Detail geplant und dabei auch immer wieder daran gedacht, dass auch seine Kinder sich von klein bis groß auf dem Hof wohlfühlen sollten.

Und ob sie das taten! Maria, mit deren Geburt so viel Aufregung in die Familie gezogen war, war das fünfte Kind, und Hulda, die Älteste, war erst sieben Jahre alt, als Maria zur Welt kam. Die Geschwister waren also dicht beieinander und beschäftigten ihre Mutter von früh bis spät. Schon allein deshalb musste der Hof viel Auslauf zum Spiel und Spaß bieten. Und Jakob, der sonst nicht viel Zeit für seine Kinder aufbringen konnte, hatte dafür gesorgt.

Überhaupt war der Alltag der Reimers sehr geordnet. Die Mahlzeiten und besonders das Schlafengehen verliefen nach einem festen Plan. Um sieben Uhr abends lud Mutter Emilie die drei Jüngsten zum Tisch. Sie bekamen Schwarzbrot mit Butter, Honig

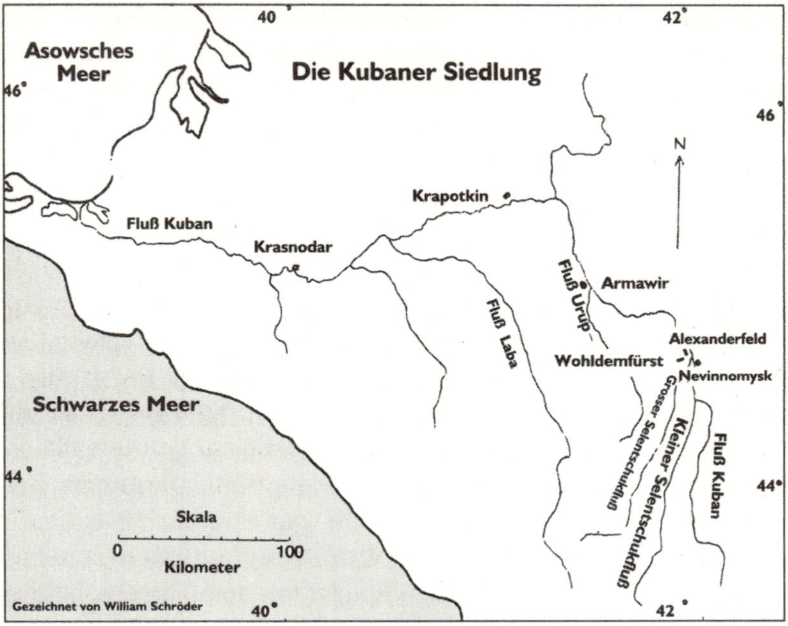

Die Kubaner Ansiedlung

und Milch und mussten dann ins Bett. Eine Stunde später waren dann die Älteren dran. Feste Familientradition war auch, dass der Vater seine Kleinen ins Bett brachte. Für Maria waren das die schönsten Augenblicke des Tages. Während unten in der Küche das Abendbrot für die älteren Geschwister bereitet wurde, widmete er sich den Jüngsten. Erst knieten die Kinder zu Vaters Füßen und beteten laut. Dann zogen sie ihre Schlafjacken an und legten sich ins Bett. Vater deckte die Kinder liebevoll zu. Auch hierbei ging es sehr ordentlich zu: Die Kinder mussten ihre Arme auf die Decke legen, voll in Erwartung der Dinge, die jetzt folgten. Sobald sie ruhig im Bett lagen, durften sie ihrem Vater Fragen stellen. Manchmal erzählte er den Kindern eine Geschichte. Nach einer Weile bat er sie, still zu werden. Er nahm die Gitarre zur Hand und spielte ihnen christliche Lieder vor. Singen konnte er nicht, aber musizieren schon. Unter dem leisen Spiel der Gitarre schliefen die Kinder ein. Erst jetzt ging Jakob zu den anderen in den Speisesaal. Hier erwartete ihn nicht nur der Rest der Familie, sondern gewöhnlich auch eine Reihe seiner Arbeiter und fast täglich Gäste. Und obwohl Jakob sich als überaus gastfreundlich erwies, würde er niemals diesen den Vortritt vor seiner allabendlichen Stunde mit den kleinen Kindern lassen. So wuchs Vertrauen zwischen Kind und Vater.

Die festen Alltagsregeln im Hause der Reimers ließen aber den Kindern auch sehr viel Raum zum Spiel. Meist füllte sich der Hof noch mit Nachbarskindern. Maria hatte sich bald mit den beiden Mädchen Malchen und Lenchen befreundet, den Töchtern von Franz Martens, der über die Straße wohnte. Täglich spielten sie miteinander. In ihrem Spiel stellten sie die Welt der Erwachsenen nach. Sie feierten Feste, Gottesdienste und Beerdigungen. Starb auf dem Hof ein Vogel oder ein kleines Entchen, so wurde es feierlich beigesetzt. Die große Initiatorin solcher Unternehmungen war Marias ältere Schwester Anna. Sie war es auch, die dann die Bedeutung solcher Aktivitäten erklärte. Außerdem gab es ja immer noch am Abend die Möglichkeit, Fragen mit dem Vater zu besprechen.

Wie viele wohlhabende mennonitische Familien beschäftigten auch die Reimers ein Kindermädchen. Deren Aufgabe war es, nicht nur die Kinder sinnvoll zu beschäftigen, sondern ihnen auch von klein auf eine Art Lehrerin zu sein. Sie wurde verpflichtet, mit den Kindern Hochdeutsch zu sprechen, ihnen gute Manieren und die Liebe zu Buch und Wissen beizubringen. Natürlich sollte sie auch darauf achten, dass die Kinder bei ihrem Spiel nicht zu weit gingen und sich verletzten. Und Gefahren gab es am Kuban nicht wenige.

Es gab Schlangen im Garten oder auch streunende tollwütige Hunde, die den Kindern gefährlich werden konnten. Sobald ein entsprechender Ruf erscholl, mussten alle Kinder ins Haus hinter Schloss und Riegel. Die Männer ließen ihre Arbeit stehen und liegen und begaben sich auf die Suche nach dem Tier. Sie gaben keine Ruhe, bis das Tier erlegt und die Gefahr beseitigt war. Tollwut war eine der gefürchtetsten Krankheiten der damaligen Zeit.

Maria war keine drei Jahre alt, als ihre Familie in das Haus der Großeltern Matthies an den westlichen Rand von Wohldemfürst umzog. Jakob Reimer hatte den Großeltern ihren Hof abgekauft, weil sie an einen Aussiedlerhof in die Nähe der Eisenbahnstation Jelanaja gezogen waren, etwa 50 Werst von Prochladnaja entfernt, einem wichtigen Kosakenzentrum. Hier in der Nähe der Tereker Ansiedlung der Mennoniten waren bereits andere mennonitische Familien angekommen, und das gute Land versprach eine ungeahnte Ernte.

Jakob erwarb bald auch das Grundstück neben dem Hof seines Stiefvaters, sodass er an dieser Stelle eine doppelte Wirtschaft von 20 Desjatin Land hatte. Hier baute er ein neues geräumiges Haus aus gebranntem Ziegelstein und nach westeuropäischen Vorgaben. Um sein Vorhaben auch zu verwirklichen, bestellte er Bauarbeiter aus Deutschland, die noch vor dem Krieg das Gebäude im Rohbau und überdacht fertigstellten und gerade mit dem Innenausbau begannen, als der Erste Weltkrieg ausbrach. Wie alle anderen Reichsdeutschen wurden nun auch diese Bauarbeiter verhaftet und nach Sibirien verschickt. Zum Glück hatten sie das Nebengebäude mit drei Zimmern und Küche, welches ursprünglich für die Bediensteten des Hauses geplant war, fertiggestellt. In diesem Nebengebäude wohnte nun die große Familie. Die vier Mädchen erhielten das kleinere Zimmer, welches aber groß genug für vier Betten war. Jedes Mädchen hatte einen eigenen kleinen Schrank, und es war unter Strafe verboten, in den Sachen der anderen herumzuschnüffeln. Die Jungen schliefen im Großen Zimmer, in dem auch das Klavier und der Esstisch standen. Die Eltern hatten ebenfalls ein großes Zimmer, das sie in zwei Teile geteilt hatten, sodass das Baby Hansi etwas vom elterlichen Schlafgemach abgeteilt war. Dann war da noch die geräumige Küche mit einem gemauerten Herd und einer „Pietsch", dem russischen Bauernofen, den Jakob Reimer extra bauen ließ, damit sich seine russischen Arbeiter bei ihm weitgehend zu Hause fühlten. Die Mennoniten hatten diese Art von Öfen sonst nicht in ihren Häusern. In seinem großen Herrenhaus hatte er deutsche Kamine einbauen lassen. Nun war aber das Haus nicht fertig geworden, und die Kinder genossen die warme Pietsch im Winter. Das halbfertige große Haus wurde bald zu einem überaus beliebten Spielplatz.

Beachtenswert war aber auch der große Garten des neuen Reimer'schen Anwesens. Schon die Großeltern Matthies hatten

Wert auf Blumenbeete und auf ihren Obstgarten gelegt. Anna, die ältere Schwester von Maria, erinnert sich, dass eines Tages der Generalgouverneur der Region, Fürst Michail Nikolajewitsch, das Dorf besuchte und dabei den Garten des Großvaters bewunderte. Jakob übernahm also ein gutes Erbe. Aber jetzt, unter der kreativen Hand von Frau Emilie, verwandelte sich der Garten in ein kleines gemütliches Paradies. Jahre später erinnerte sich Maria: „Wir hatten zwei Grundstücke nebeneinander liegend, mit einer Fläche von 20 Desjatin (54 Acker). Ein Stachetenzaun und eine Baumreihe, abwechselnd Kastanien und Lindenbäume, schotteten den Hof von der Straße ab. Im Vorgarten waren Blumenbeete, Ziersträucher und Obstbäume. Zu den Nachbarn führte ein Steg, eingerahmt von Tulpen, Narzissen und Rosen. Der Rosensteg fing mit ganz hellen Blumen an und endete an der Grenze mit dunkelroten Rosen und einem von Rosen umkränzten Tor. Es gab hier etwa zwanzig verschiedene Arten von Rosen. Nach hinten führte auch ein Steg, eingerahmt von Lilien und Begonien, und an beiden Seiten des Steges waren die volltragenden Obstbäume, Birnen, Äpfel, Pfirsiche, Aprikosen, Mirabellen und Pflaumen. Es folgte der herrliche Weingarten mit dem weißen und blauen Muskat. Dann kam der große Gemüsegarten, von einer Hecke umgeben und hinten mit vielen verschiedenen Beeren wie Erdbeeren, Stachel- und Johannisbeeren. Ich erinnere mich, dass wir 108 Stachelbeerstauden hatten mit verschiedenen Früchten, rot und gelb, glatt und behaart, und in verschiedenen Größen. Dann fing eine lange und breite Allee an, in der Pappeln und Walnussbäume abwechselten. Bänke luden zum Ausruhen ein. Nach dieser Allee kam die Eschenallee mit schönem Gras bewachsen, die mit dem alten Kirchengarten endete. Dieser Garten war 3/4 Kilometer von unserem Haus entfernt und war die Freude unserer Kindheit."

Im Garten stand auch das alte Wohnhaus der Großeltern, in dem die Familie nach dem Umzug zunächst Platz gefunden hatte. Jetzt, nachdem der Anbau für die Bediensteten fertig war und die Familie in den neuen Räumen untergebracht wurde, benutzte man das alte Wohnhaus als Sommerküche und zu anderen Zwecken. Im Sommer kochte man hier das ganze Essen für die Saisonarbeiter. Bisweilen waren das bis zu siebzig Personen, die an den unter dem großen Walnussbaum aufgestellten Tischen Platz fanden. In dem großen Ofen dieses Hauses wurde auch das ganze Brot für die Familie und die vielen Helfer gebacken. Und es war viel Brot. Mutter Emilie hatte da alle Hände voll zu tun. Wie gut, dass das Haus noch andere Räume hatte, und hier tummelten sich die Kinder, immer in der Nähe der Mutter. Außerdem gab es auf dem Hof eine große Schaukel und einen Sandhaufen zum Spielen und Herumtollen. Am liebsten aber begaben sich die Kinder in den Kirschbaum-Garten. Ungestört konnten sie dort ihre Ballspiele machen und auf den riesigen Bäumen herumklettern und, wenn es Kirschen gab, auch diese pflücken. Meist war das die Aufgabe der Kinder, die dann, von einem Kindermädchen angeführt, mit leeren Körben und einem Imbiss für die Mittagspause auf Kirschernte gingen.

Auf diesem Hof wuchs Maria mit ihren Geschwistern auf. Ihr Alltag war ausgefüllt mit Spiel und Spaß, aber auch mit Arbeit. Von klein auf suchten Jakob und Emilie ihren Kindern Fleiß und Verantwortung einzuprägen. Und das begann bei Tisch.

Vater Reimer war streng und genau. Wie er zu sich selbst streng war, so ging er auch mit den Kindern um. Niemand durfte sich ein zweites Mal zu Tisch rufen lassen. Die Mahlzeiten fanden immer zur gleichen Zeit statt und die Kinder wurden angehalten, rein und sauber zum Tisch zu kommen. Erschien ein Kind mit einem Riss in Kleid oder Hose zum Essen, musste es auf der Stelle den Tisch verlassen und blieb für dieses Mal ohne Essen. Der Tisch war immer gut gedeckt. Zu Mittag gab es gewöhnlich eine Suppe und dann Braten. Und es ging durchaus lustig dabei zu. Kinder wie Erwachsene durften miteinander sprechen und wahre Tischgemeinschaft pflegen. Gewöhnlich waren auch Gäste am Tisch. Manche Gäste kamen öfter, wobei es den Kindern so erschien, dass diese ihren Besuch bewusst auf die Mittagszeit legten, um bei der Mahlzeit dabei zu sein. Eines Tages begannen Maria und ihre Schwester Anna eine Gästeliste zu führen und stellten fest, dass sie in jener Woche keine Mahlzeit ohne einen Gast gehabt hatten. Aber als Mutter Emilie die Liste der Kinder entdeckte, schimpfte sie mit ihnen und verbot ihnen, weiterhin solche Listen zu führen.

Alle Kinder wurden angehalten, bestimmte Aufgaben am Hof zu

übernehmen. Zu tun gab es allerhand. Es gab auf dem Hof ja nicht nur den Garten und die Wohnhäuser. Direkt an die Küche des Anbaus schloss sich der geräumige Stall an, der ebenfalls aus gebrannten Ziegeln gebaut war. Von innen war er weiß getüncht, das Holzwerk war rot angestrichen. Jakob Reimer legte großen Wert auf Ordnung und Sauberkeit, und sein Stall war dafür ein Musterbeispiel. Vor allem die Russen kamen aus dem Staunen nicht heraus, wenn sie den Stall betraten. Einmal hörte man eine Frau beschwören, der Stall sehe wie eine Küche aus.

Der Stall war in zwei Abschnitte gegliedert. In der ersten Abteilung standen die reinrassigen Pferde. Familie Reimer besaß etwa zwei Dutzend davon. Mit minutiöser Genauigkeit wurde auf den Stammbaum dieser Pferde achtgegeben. Der Stallknecht musste seinem Wirt jede Veränderung in Gewicht oder Farbe melden. Diese Pferdezucht war Jakob Reimers persönliches Hobby, sein ganzer Stolz und Freude. Überhaupt schien er in Pferde vernarrt zu sein. Hartnäckig bestand er darauf, dass in seinen Pferdegespannen niemals zwei Pferde unterschiedlicher Mast und Farbe laufen durften. Und er legte großen Wert darauf, dass sie alle äußerst gut gepflegt sein mussten. Aus der Abteilung für die Pferde führte eine Tür zur Abteilung für die Kühe. Die Reimers hielten etwa 12 Milchkühe. Wiederum legte der Wirt großen Wert auf die Reinrassigkeit seiner Tiere, und sie mussten viel Milch geben. Eine Kuh, die seinen Ansprüchen nicht entsprach, wurde entweder verkauft oder geschlachtet.

Auf dem Hof gab es noch eine Reihe weiterer Gebäude: Schweinestall, Hühnerstall, einen großen Futterspeicher und manch anderes. Auch diese Gebäude waren aus gebrannten Ziegeln aufgebaut und allesamt mit roten Pfannen gedeckt. Überhaupt gab es auf dem Hof viele Tiere: Schafe, Ziegen, einen Esel und sogar Ponys für die Kinder, zwei große Hunde, die Polkan und Barbos hießen und an der Kette lagen, sowie eine Menge Geflügel: Hühner, Truthühner, Perlhühner, Gänse, Enten, Tauben und Pfaue. Die Eltern Reimer teilten jedem ihrer Kinder je nach Alter eine ganz bestimmte Aufgabe zu. Maria war für das Entnehmen der Eier aus dem Hühnerstall zuständig und dafür, dass der Hühnerstall unter Schloss und Riegel gehalten wurde, denn in Wohldemfürst wurde nachts immer wieder gestohlen. Auch sonst musste sie, wie alle Geschwister, fest mitanpacken. Vater Reimer pflegte seinen Kindern zu sagen, dass sie den Arbeitern ein Vorbild sein müssten. „Wir müssen alles selber tun können, ehe wir andere Leute an die Arbeit stellen", sagte er. Und so wurden sie vor den Arbeitern früh am Morgen geweckt und gingen erst abends zur Ruhe.

Natürlich gab es auf dem Hof auch viele Arbeiter. Für je zehn Pferde wurde ein Knecht eingestellt. Dann gab es Arbeiter in der Milchwirtschaft und im Garten. Es gab Köchinnen und Wasch- und Putzfrauen im Haus. Die meisten dieser Bediensteten waren Russen. Nur selten konnte einer von ihnen lesen und schreiben. Jakob Reimer bedauerte dies sehr und versuchte, sooft er konnte, einigen von ihnen die Grundlagen der schriftlichen Sprache beizubringen.

Doch Arbeit war nicht alles, was das Leben der Kinder auf dem Reimer Hof prägte. „Saure Wochen, frohe Feste" – das war eine der Lebenslosungen von Jakob Reimer. Da waren zunächst die großen kirchlichen Feiertage, die mit viel Aufwand gefeiert wurden. Anna, die ältere Schwester von Mia, erinnert sich an diese Feste mit unverhohlener Begeisterung.

Das Fest aller Feste war natürlich Weihnachten. Einen Monat vorher wurde im Leben der Kinder vieles auf die Feiertage ausgerichtet. Sie bastelten eifrig unter der Anleitung von Tante Anna, der ältesten Schwester ihres Vaters, an den Geschenken für die Eltern, lernten fleißig Weihnachtsgedichte und halfen der Mutter bei der Weihnachtsbäckerei. Emilie war, wie alle schwäbischen Frauen, als ausgezeichnete Bäckerin bekannt. Mehr als 35 verschiedene Sorten Weihnachtskekse zauberte sie für das Fest. Immer wieder kamen Nachbarfrauen ins Haus, um Emilie beim Backen zu helfen und dabei etwas zu lernen. Während der Festtage wurde sie dann wiederum in die Häuser dieser Frauen eingeladen, um die guten Kekse zu kosten. Schmeckten sie nicht so, wie sie gedacht hatte, gab sie der betreffenden Person oft auf der Stelle einen Rat, wie sie es beim nächsten Mal besser machen könnte. An den langen Winterabenden saß die Familie gerne am Tisch und bastelte.

Dann endlich war der ersehnte Tag da. An Heiligabend besuchte die ganze Familie zunächst am frühen Abend den Gottesdienst. Abwechselnd trugen hier Jahr für Jahr mal die Schüler, mal die Sonntagschüler der Gemeinde ein Programm vor. Es wurde viel gesungen, und einige Kinder trugen Gedichte und Anspiele vor. Am Ende des Gottesdienstes erhielt jedes Kind eine Tüte mit Süßigkeiten. Jetzt ging die ganze Familie zu Tante Anna Reimer. Weil sie die älteste Schwester von Jakob Reimer war, versammelten sich alle Geschwister mit ihren Familien zunächst in ihrem Haus. Es gab ein herrliches Abendessen und auch kleine Geschenke für die Kinder. Außerdem hielt Tante Anna für jedes Kind eine weitere Tüte mit Süßigkeiten bereit. Gespannt auf all das, was nun noch kommen würde, ging die Familie dann nach Hause.

Am nächsten Morgen lagen die Kinder längst wach, wenn die Mutter sie aus ihren Betten holte. Die Spannung wurde fast unerträglich. Schnell gewaschen und angezogen, warteten sie auf die Glocke, die der Vater schlug und damit die Kinder, aber auch alle seine Bediensteten in die große Stube einlud. Später, als sich mehrere Flüchtlinge auf dem Reimerhof aufhielten, wurden auch sie zu dieser morgendlichen Feier eingeladen. Jakob Reimer las die Weihnachtsgeschichte aus Lukas 2, worauf die Versammelten gemeinsam das Lied „Welch ein Jubel, welche Freude bringt die liebe Weihnachtszeit" sangen. Dann waren die Kinder an der Reihe. Jedes von ihnen hatte ein Gedicht auswendig gelernt. Diese trugen sie nun der Reihe nach, vom ältesten bis zum jüngsten Kind, vor. Erst jetzt näherte sich Mutter Emilie dem bedeckten Gabentisch und nahm die Decke von den Kostbarkeiten. Alle Geschenke lagen uneingepackt auf dem Tisch, und die Kinder konnten nun raten, wem was und wie viel davon zugedacht war. Emilie nahm die Schalen mit Obst, Nüssen und Süßigkeiten vom Tisch, die für die Bediensteten gedacht waren, und überreichte sie ihnen. Neben jeder Schale lag außerdem ein sehr praktisches Geschenk. Tief bewegt bedankten sich die russischen Knechte und Mägde für das Geschenk. Dann verließen sie den Raum. Erst jetzt waren die Kinder dran. Sie erhielten ihre Geschenke und bedankten sich bei ihren Eltern mit vielen Worten und einem Kuss. Auch die Eltern erhielten ihre vorbereiteten Geschenke. Nachdem sich die Begeisterung etwas gelegt hatte, gab es ein leckeres Frühstück, wonach alle zum Gottesdienst gingen. Mittagessen gab es zu Hause, aber gleich danach begannen die Weihnachtsbesuche. Am ersten Weihnachtstag waren alle Reimers zu Cornelius und Maria Wiens zum Abendbrot eingeladen. Die Wiensens hatten drei Kinder und eine angenommene Tochter, und so hatten auch hier die Kinder viel Spaß und Freude miteinander.

Auch der zweite Weihnachtstag begann mit einem Gottesdienst. Am Nachmittag begab sich die ganze Familie zu Jakobs Bruder Cornelius Reimer. Tante Liese hatte auch hier für alle Kinder Geschenke bereit. Sie war ebenso berühmt für ihre Backkünste, sodass die Kinder sich ganz besonders auf den Nachmittagsschmaus in ihrem Haus freuten.

Am dritten Weihnachtstag gab es ebenfalls einen Gottesdienst, und danach war die Verwandtschaft zu Mias Familie eingeladen. Und auch der vierte Tag, an dem es keinen Gottesdienst gab, war Besuchen gewidmet. Überall gab es Geschenke, Spiel und Spaß. Manchmal feierte das Dorf so praktisch bis zum Neujahrsfest durch. Am Silvesterabend und Neujahrsmorgen traf die Gemeinde dann wieder zum Gottesdienst zusammen.

Eine besondere Erfahrung bot auch der frühe Neujahrsmorgen. Dann stürmten meist die russischen Knechte und Mägde in aller Frühe das Schlafzimmer der Eltern und sonstigen Erwachsenen und bewarfen diese mit Saatgut. Dabei riefen sie: „Wir säen, wir wehen, wir säen ein – wir gratulieren euch zum Neuen Jahr!" Dieser alte russische Brauch, der tief in die russische Vergangenheit reicht, sollte im neuen Jahr eine gute Ernte herbeibringen. Jakob Reimer stand dann meist auf und teilte jedem der Bediensteten, wie erwartet, Geld zu.

Ähnlich wie Weihnachten wurden auch Ostern und Pfingsten gefeiert. Die Osterfeierlichkeiten begannen im Hause Reimer mit einem stillen und besinnlichen Karfreitag. Oft fastete die ganze Familie an diesem Tag. Am Abend dann feierte die Mennoniten-Brüdergemeinde das Heilige Abendmahl. Und der Sonntagmorgen begann mit einem begeisterten Eiersuchen der Kinder. Die Eltern versteckten diese bunt angemalten Eier auf dem ganzen Hof und im Garten. So dauerte es schon eine Weile, bis jeder seine sechs oder sieben Eier – je nachdem, wie alt man war – gefunden hatte.

Dann ging man zum Gottesdienst, und anschließend begannen die traditionellen Familien-Besuche, ganz so, wie es auch an Weihnachten üblich war. Drei Tage wurde Ostern gewöhnlich gefeiert.

An den Pfingsttagen hatte die Mennoniten-Brüdergemeinde nur an den ersten beiden Feiertagen Gottesdienst. Dabei kamen oft auch russische Gäste in die Gemeinde zu Wohldemfürst. Gerne sang man für sie auch russische Lieder. Danach gab es einen Missionsbasar, wobei einige der meist handgefertigten Gegenstände versteigert wurden. Es war ein buntes und fröhliches Treiben. Am dritten Tag machten der Chor und die Jugend eine Waldwanderung. Da Jakob Jugendleiter war, durften seine Kinder meist auch alle mit.

Im Sommer gab es keine kirchlichen Feste. Auch versuchte man bewusst, alle familiären Feierlichkeiten in den Herbst oder Winter zu legen. Die Arbeit auf den Feldern nahm die mennonitischen Bauersfamilien ganz und gar in Anspruch. Erst nach der Ernte wurde wieder gefeiert. Das erste große Fest war demnach das Erntedankfest. Es dauerte nur einen Tag, blieb aber im Gedächtnis der Kinder ganz besonders hängen. Zu diesem Tag schmückte nämlich die Jugend das Gemeindehaus mit allerlei Früchten von Feld und Garten. Der Gottesdienst war zweigeteilt: Nach dem ersten Teil, welcher aus Gebet, Gesang und Predigt bestand, war die ganze Gemeinde zum gemeinsamen Mittagessen ins Freie eingeladen. Nach dem Essen folgte eine weitere Predigt, begleitet von Chorgesang.

Außer den kirchlichen Feiertagen fand die Familie Reimer noch genügend andere Gelegenheiten zum Feiern. Immer wieder packte Jakob seine Familie auf die Pferdekutsche, und ab ging es ins Grüne. Sie machten Picknicks oder unternahmen nach den schweren Saat- oder Erntewochen auch mal lange Reisen ins Gebirge oder zum Schwarzen Meer. Zweimal wurde Maria zusammen mit den anderen drei kleineren Kindern nach Pjatigorsk in die berühmte kaukasische Kurstadt mitgenommen. Einmal fuhren sie per Zug und nahmen Quartier in einem noblen Hotel. Gespeist wurde im Restaurant, nach den Mahlzeiten wurde die Gegend besichtigt oder zum Bergsteigen ausgefahren. Das war schon ein Erlebnis für die Dorfkinder vom Land.

Aber auch ohne solche Reisen verstanden es die Eltern, ihre Kinder lebensfroh zu erziehen. Abwechslung bot die Gegend am Kuban genug. Ob es die täglichen Badefahrten zum Fluss waren oder die von den Erwachsenen mitgespielten Kinder-Hochzeitsfeiern, bei denen es alles „in echt" geben durfte außer einer Predigt, denn die hatte der Vater aus Ehrfurcht vor Gott untersagt. Es ging wirklich interessant und lustig bei den Reimers zu.

Einen anderen Weg, ihre Kinder für ein gutes und gottgefälliges Leben zu erziehen, sahen Jakob und Emilie in der Aufnahme von anderen Kindern in ihrem Haus. Oft waren das Waisenkinder, die für kürzere oder längere Zeit bei Mias Familie Zuflucht fanden. Auf diese Weise mussten die eigenen Kinder schon früh teilen und abgeben lernen.

Und natürlich gab es in Wohldemfürst auch öffentliche Lehranstalten für die Kinder. Im Dorf gab es einen Kindergarten. Die Erzieherin hieß Frieda Meinhard und war eine überaus beliebte Kindertante. Sie war gebildet, freundlich und liebenswürdig. Auch Maria ging gerne zu ihr in den Kindergarten. Sie verehrte ihre Erzieherin und versuchte, ihr Benehmen nachzuahmen, um auch eine solch „feine Dame" zu sein.

In der Dorfschule

Im September 1915 wurde Mia eingeschult. Trotz des Krieges und der vielen Trauernachrichten im Dorf bemühten sich die Eltern, ihren Kleinen den Schulanfang zu einem besonderen Fest zu gestalten. Mia erhielt ein neues Schulkleid, ein großes weißes Haarband, das Mutter Emilie kunstvoll in ihr Haar flocht, und dann natürlich eine neue Schultasche. An der Hand ihrer Mutter und zusammen mit den anderen Kindern begab sie sich zur Schule. Es war ein unglaublich erhebendes Gefühl. Schon lange wollte sie zur Schule gehen. Sie hatte sogar schon bei ihrem Kindermädchen versucht, lesen und schreiben zu lernen, und auch im Kindergarten hatte sie die Erzieherin oft deswegen bemüht. Jetzt endlich war es so weit! Mia fühlte sich unbeschreiblich glücklich und schon fast erwachsen. Auf der Straße zur Schule warteten schon Epps auf sie.

Die kleine Tina Epp, eine jahrelange Spielkameradin, wurde auch eingeschult. Zusammen begaben sie sich zur Schule.

Der Schulanfang war in Russland immer schon ein besonderer Tag. Alle Schüler und die Eltern (meist die Mütter) versammelten sich in der großen Schulaula. Das Festprogramm begann mit dem Singen der russischen Nationalhymne. Man sang im Stehen, mit Blick auf das große Bild der Zarenfamilie an der Frontwand des Saales. Das Bild wirkte sehr freundlich, und auch Mia überkam auf einmal ein Gefühl der Ehrfurcht vor dem großen Mann in der Uniform und der neben ihm stehenden feinen Dame. Nach dieser großartigen Familie war auch ihr Dorf benannt worden. Nach der Nationalhymne sang die Versammlung einen geistlichen Choral. Einer der Schüler oder Schülerinnen schrieb den Namen des Chorals an die Tafel. Viele Jahre hintereinander war das die Aufgabe von Anna, der älteren Schwester von Mia. Jeden Tag wurde ein neuer Choral in der Schule gesungen. Dann folgte ein Gebet und die freundliche Rede des Schulleiters. Er hieß besonders die Schulanfänger willkommen, und Mia war es so, als spräche er sie persönlich an. Verstohlen blickte sie zur Mutter hinüber. Emilie bemerkte die Aufregung ihrer Tochter und legte liebevoll ihre Hand auf die Schulter des Kindes. Dann gingen sie in die Klassen und wurden mit dem jeweiligen Klassenlehrer bekannt gemacht.

Die Schule lag mitten im Dorf. Das neue Backsteingebäude wirkte imposant und fast majestätisch. In den Kellerräumen war die Wohnung des Schulwärters untergebracht, im ersten Stock lagen die Schulräume. Es gab fünf Klassen, obwohl es acht Jahrgänge gab. Nur im ersten und letzten Schuljahr hatte die Klasse ein Zimmer für sich allein, sonst waren die Jahrgänge gemischt. „Die Kinder müssen am Anfang besonders geprägt und am Ende bis zur Selbständigkeit geschliffen werden", pflegten die Lehrer ihre Entscheidung zu erklären, warum nun ausgerechnet die erste und die achte Schulklasse einen besonderen Raum erhielt. Und diese Philosophie schien in Wohldemfürst gut aufzugehen.

Vom ersten Schuljahr an verlief der Unterricht an der Schule zweisprachig. Nur die Fächer Deutsche Sprache, Literatur und Religion wurden in Deutsch unterrichtet, ansonsten mussten die Kinder Russisch lernen. Für Mia, die zwar auf dem Hof tagtäglich mit russischen Arbeitern in Berührung kam und sich auch oft mit ihnen unterhielt, bedeutete dies doch eine große Anstrengung. Die meisten Kinder in der Schule waren eben doch aus mennonitischen Häusern, und da sprach man in der Regel Deutsch oder Plattdeutsch. Auch Flüchtlingskinder, die bald das Dorf überfluteten, wie beispielsweise Nina, die Tochter des Fürsten Schachowskoj, die seit der Flucht ihrer Eltern ins Ausland bei den Reimers lebte, lernte bald Plattdeutsch. Es gab also wenig Anlass, Russisch zu reden. In den Pausen hörte man daher auf dem Schulhof auch nur selten die russische Sprache. Dafür aber in den Klassen. Und so bedurfte es für die kleine Mia besonderer Anstrengung, gleich gut mitzukommen, was sie doch so sehr wollte. Auch den anderen Kindern ging es da nicht viel besser. Doch Mia war sehr sprachbegabt und hatte bald keine Mühe mehr mit Russisch.

Die Schule bereitete Mia große Freude. Sie mochte ihre Lehrer und verehrte viele von ihnen. In den ersten Jahren wurde sie von den älteren Lehrern Wiens und Dürksen unterrichtet. Das waren überaus gemütliche und gütige Männer, denen es wichtig war, den Kindern die Schule so angenehm wie möglich zu gestalten. Aber sie verlangten auch Gehorsam und Fleiß. In den oberen Klassen war sie besonders vom „edlen Lehrer Giesbrecht", wie sie ihn nannte, beeindruckt. Und dann war da noch der junge Lehrer Bernhard Fast, der ausgesprochen freundlich und höflich zu sein schien. Und das trotz eines sehr tragischen Schicksals. Sein Vater – der Lehrer, Prediger und Verwalter auf einer Forstei war – war im Jahre 1917 in den Wirren der Revolution grausam umgekommen. Auf dem Weg aus der Stadt zu einem der Tereker Mennonitendörfer war er zusammen mit seinem Schwiegersohn und einem Mitreisenden überfallen und brutal ermordet worden. Erst Tage später hatte man ihre verstümmelten Leichen gefunden. Alle Dorfbewohner und auch die Kinder kannten diese Geschichte. Trotz dieser Tragik wirkte Lehrer Fast aber immer freundlich. Ausdrücklich bezog er seine innere Ruhe aus der Beziehung zwischen ihm und Jesus. Noch während Mia zur Schule ging, ließ er sich in der Mennoniten-Brüdergemeinde taufen. Und weil sich auch Jakob Reimer endlich taufen ließ, fühlte sich Mia dem Lehrer besonders verbunden. Sie himmelte ihn geradezu an. Dann gab es noch den Schulleiter Ewert, der sehr streng, aber auch gerecht war, und Lehrer Isaak, der von seinen Schülern viel forderte und manchmal fürchterlich aufbrausen konnte. Deshalb hatte Mia Angst vor ihm.

Besondere Freude bereitete Mia der Unterricht bei den beiden Lehrerinnen der Schule. Da war zum einen die Klavierlehrerin, Fräulein Theresa Tietz. Sie war mit ihrer Mutter auf der Flucht in Wohldemfürst gelandet. Früher hatte sie an der Oper gespielt und brachte mit ihrer Erscheinung einen Hauch der großen, weiten Welt mit in den Unterricht. Mia wurde von diesen Großstadtmanieren magisch angezogen. Ähnlich erging es ihr auch bei der zweiten Lehrerin, Cornelia Thiessen, die Handarbeit unterrichtete. Frau Thiessen konnte ausgesprochen schöne Handarbeiten machen und hatte in Deutschland studiert. Sie legte großen Wert auf gepflegtes Benehmen und suchte dies den Schülern zu vermitteln. Beide Lehrerinnen hinterließen einen bleibenden Eindruck bei Mia und öffneten ihr den Blick für Kultur und Gesellschaft. Sie waren beide sehr fromm, aber in ihrer Erscheinung doch anders als die örtlichen Mennoniten.

Natürlich gab es an der Schule auch Enttäuschungen. Auch Mia fand nicht zu jedem Mitschüler das gleiche Verhältnis. Besonders schwierig war wohl ihre Beziehung zu der armen Alma. Alma war ein Flüchtlingskind. Rührend hatten sich Mia und besonders ihre Eltern um Alma gekümmert. Sie kleideten das Mädchen von Kopf bis Fuß neu ein. Anfangs schien sich zwischen den Mädchen sogar eine Freundschaft anzubahnen. Doch diese zerbrach bald an einer dummen Geschichte.

An der Schule unterrichtete gastweise ein Junggeselle, der ausgesprochen hässlich und dazu noch sehr ungepflegt aussah. Er wirkte immer etwas verstaubt und unsauber. Die Schüler sagten ihm nach, dass in seinem Zimmer überall Spinnweben hingen und die Spinnen sogar in seinen Ohren ihre Netze webten. Natürlich war das übertrieben. Doch auch Mia empfand ihn als unangenehm. Eines Tages vertraute sie Alma ihren Eindruck über den Lehrer an und meinte: „Der Lehrer sieht aus wie ein Affe." Alma lachte darüber, fing aber bald an, Mia damit zu drangsalieren, indem sie ihr androhte, dies dem Lehrer zu petzen. Mia ängstigte sich fast zu Tode, dass die Sache ans Licht kommen und der Lehrer, ja wahrscheinlich sogar ihr Vater es mitbekommen würden. Die Folgen wären nicht auszudenken! Zum Glück machte Alma von ihrer Drohung keinen Gebrauch. Aber bei Mia blieb doch ein bitterer Nachgeschmack zurück. Nur schwer konnte sie auch später Menschen vertrauen, die hinterlistig und unehrlich waren.

Diese acht Jahre Dorfschule prägten Mia nachhaltig und positiv. Sie weckten in ihr den Wissensdurst und stärkten den Glauben an Gott und an Gerechtigkeit in der Welt. Das ist eher verwunderlich, war doch ihre Schulzeit von Ereignissen überschattet, die das Leben eines Kindes auch negativ beeinflussen können.

Mia war gerade in der dritten Klasse, als die Revolution und der verheerende Bürgerkrieg über Russland hereinbrachen. Bald lag auch ihr grünes Dorf im Mittelpunkt politischer und militärischer Auseinandersetzungen. Das Land der mennonitischen Bauern wurde requiriert. Dann zog sich monatelang die Frontlinie zwischen der Roten und der Weißen Armee durch die Siedlung. Heere zogen durch das Dorf, und alle Höfe und Häuser wimmelten von Soldaten. Es wurde geplündert, gestohlen, enteignet, ja sogar gemordet. Fünf Mal wechselten die Seiten im Dorf. Mehr als zehntausend Soldaten marschierten in diesen Monaten durch Wohldemfürst, das nun „Welikoknjascheskoje" hieß. Besonders die „Roten" führten sich in den Häusern der reichen Bauern ziemlich hässlich auf. Fanden sie in einem Haus die Insignien alter Zarenherrschaft, so bezahlte der Hausherr bald mit seinem Leben. Jakob Reimer ließ alles in seinem Haus vernichten, was die Fremdlinge auch nur im Geringsten an seine Verdienste im zaristischen Russland erinnern konnte. Die Regierung hatte seinen sozialen Einsatz mit zwei goldenen Verdienstmedallien geehrt. Im Haus gab es ein Familienalbum mit der Zarenfamilie. All das verschwand eines Tages auf Nimmerwiedersehen. Auch seine Waffen ließ er verschwinden. Die Soldaten sollten keinen Anlass finden, seine friedliebende mennonitische Familie zu bedrohen. Es wurde lebensgefährlich für Frauen und Mädchen, allein bei Dunkelheit das Haus zu verlassen.

Die Dorfbewohner versuchten, die Situation in den Griff zu bekommen, indem sie die Soldaten gut verköstigten und damit den Zorn und die Zerstörungswut etwas milderten. Dafür aber waren sie ständig am Kochen. Nur so wurde größeres Leid vom Dorf ferngehalten. Nur drei Männer des Ortes wurden außerhalb des Dorfes erschossen, und das eher durch deren eigene Unachtsamkeit. Tote und Verletzte gab es dennoch zuhauf. Hier erschoss man Gefangene, da gab es eine militärische Auseinandersetzung in der Nähe des Dorfes. Auf dem Dorffriedhof, der hinter der Schule lag, hatte man eine große Grube ausgehoben, um die Erschossenen zu beerdigen. Woher diese Armen kamen, wusste niemand.

Und dann gab es überall Verletzte und Verwundete. Die Gemeindehäuser und die Schule wurden kurzerhand in Hospitäler umgewandelt. Wochenlang konnten so die Kinder die Schule nicht besuchen.

Auch am Reimer-Hof ging die schwere Zeit nicht spurlos vorüber. Der große Hof war ständig mit Soldaten gefüllt. Meist quartierten sich die Offiziere bei dem wohlhabenden Bauern ein. So war man zwar für die Zeit des Aufenthalts vor Plünderungen sicher; verließ jedoch die Einheit das Dorf, so suchte der entsprechende Kommandeur alles mitzunehmen, was nicht niet- und nagelfest war. Jakob Reimer musste alle seine Überredungskunst einsetzen, um wenigstens etwas von seinem Besitz zu retten.

Eines Tages zog eine Rote Einheit ins Dorf, und der Kommandeur, ein einfacher Arbeiter, suchte sich das Haus der Reimers als Quartier aus. Mit ihm zog ein junges Mädchen ins Haus. Es stellte sich heraus, dass sie an einer Hochschule am Asowschen Meer studiert hatte und aus einer bessergestellten Familie kam. Die Roten hatten sie und die anderen Mädchen einfach gezwungen, mit ihnen zu ziehen, und so wurde sie einfach an den Kommandeur der Einheit zu dessen Befriedigung abgegeben. Es war ein tragisches Schicksal, und das Mädchen weinte oft. Dieser Kommandeur versprach Jakob Reimer, dass er ihm auf jeden Fall seine reinrassigen Pferde zurücklassen würde. Als aber dann der Tag kam und die Einheit weiterzog, ließ er zwei der besten Pferde vor Reimers' Wagen spannen und fuhr vom Hof wie ein selbstherrlicher Herrscher. Auch alle anderen Pferde wurden mitgenommen. Zurück blieb der leere Stall. Noch lange danach konnte Jakob seinen Verlust nicht überwinden.

Bei zwei Gelegenheiten konnte er noch einmal eins seiner Pferde sehen. Wieder zog nämlich eine militärische Einheit durchs Dorf.

Ein Pferdegespann mühte sich sehr mit der schweren Kanone. Als es direkt am Reimerhof vorbeizog, bockte auf einmal eines der Pferde. Der Soldat konnte es einfach nicht mehr dazu bewegen, weiterzuziehen. Er spannte also aus und blieb auf dem Hof stehen. So stellte sich heraus, dass das störrische Pferd eines der berühmten Zuchtpferde von Jakob Reimer war. Es hatte die Heimat gerochen und war unter keinen Umständen mehr bereit, sich von hier fortzubewegen. Traurig sah Jakob seinen Zögling an. Geschunden, ohne Glanz in den Augen stand es da vor ihm. Wie anders hatten diese Augen früher aufgeblitzt, wenn er im Stall erschienen war! In den wenigen Tagen, die die Einheit im Dorf blieb, gab er seinem Pferd alles, was er hatte, um es einigermaßen wieder auf die Beine zu bekommen. Immer wieder suchte er den Kommandeur der Einheit davon zu überzeugen, ihm das Pferd doch zu lassen. Aber alles Bitten war vergebens. Die Einheit zog weiter, und mit ihr sein Pferd. Als der Krieg dann endlich vorbei war, informierte ihn einer der Bauern aus dem Nachbardorf, dass er ein Pferd erstanden hatte, das die Brandmarke JR trug. Jakob fuhr hin, und tatsächlich war es eine seiner Stuten, die dazu gerade trächtig war. Jakob kaufte das Pferd zurück, pflegte es nach besten Kräften, und dann brachte die Stute ihr Fohlen zur Welt, doch leider war es tot. Das war das Ende der einst so erfolgreichen Pferdezucht.

Diese und viele andere Ereignisse prägten auch Mia. Die Eltern sowie die Lehrer an der Schule hatten neben dem normalen Schulunterricht alle Hände voll zu tun, in ihren Schützlingen trotz aller Ungerechtigkeit ein positives Wesen zu entwickeln und sie dahingehend zu erziehen. Dies schien mit Gottes Hilfe auch zu gelingen. Eine wichtige Rolle spielten dabei die Schulandachten und der Glaubensunterricht.

Erziehung als Zwang zum Unglauben

Mit dem Ende des Bürgerkriegs waren die Probleme in der Kubaner Mennoniten-Ansiedlung noch lange nicht gelöst. Der Krieg hatte überall im Land schwere Spuren hinterlassen. Massen von

Menschen waren entwurzelt und irrten auf der Suche nach einer Überlebenschance im Land umher. Auch die Mennoniten in ihren südrussischen Ansiedlungsgebieten waren schwer betroffen. Da, wo der Krieg und die mörderischen Überfälle marodierender Banden noch einen Hauch von Lebensmöglichkeiten ließen, setzten jetzt Hunger und Epidemien wie Typhus und Cholera den Menschen zu. Die etwas abseits liegende Kuban-Ansiedlung flößte wohl manch einem Hoffnung ein, hier neu anfangen zu können. So strömten bald Hunderte mennonitische und andere Flüchtlinge nach Kuban. Waren es anfänglich vor allem die Vertriebenen vom Terek, so kamen bald Flüchtlinge von überall – aus der Molotschna, von der Wolga, von der Krim und sogar aus dem weiten Sibirien – in Welikoknjascheskoje an. Bald waren alle öffentlichen Gebäude wie die Schule oder die Käsefabrik mit Menschen überfüllt. Es waren entwurzelte, kranke, müde und vor allem hungrige Menschen. Viele fanden kein Dach über dem Kopf und kampierten nun in den Gärten oder einfach auf dem freien Feld. Hungrig schleppten sie sich von Haus zu Haus und bettelten. Manchmal erschienen bis zu hundert Personen am Tag an der Tür des Reimerhauses. Oft waren es kleine Kinder, die wenigstens um einen Bissen Brot flehten. Manchmal erschienen sie auch in einer Gruppe und sangen vor der Tür ein Lied. Oft war es das bekannte evangelistische Lied: „Der Himmel steht offen – Herz, weißt du, warum? Weil Jesus am Kreuze geblutet – darum." Wer konnte da Nein sagen ... Für die frommen Mennoniten eine oft schicksalhafte Frage.

Selma Redekopp, eine Hausfrau aus Wohldemfürst, erinnert sich daran, dass sich einige Frauen damals zusammenschlossen, um dem Problem des Hungers adäquat zu begegnen. Doch was immer sie auch taten – die Not schien bodenlos. Langsam wirkte sich die Sorge um die Flüchtlinge auch auf die eigene Familie aus. In ihrer Not, wie sie sich nun recht zu verhalten habe, wandte sich Selma an den Gemeindeältesten Cornelius Wiens, der ihr empfahl, zunächst für die eigenen Kinder zu sorgen. Aber dieser Rat schien der frommen Frau keinen Frieden zu geben. So folgte sie ihrem Herzen und behandelte die hungrigen Bettler genauso wie die eigenen Kinder. Als ihr eigener Mann, Wilhelm, sie dafür zur Rede stellte, antwortete sie: „Lieber Wilhelm, Gott wird für uns sorgen. Er wird uns zurückgeben, was wir jetzt weggeben."

Auch Jakob und Emilie taten alles, um diesen Menschen zu helfen. Sie hatten eben selbst ihren ältesten Sohn Cornelius verloren, der an einer unerklärlichen Krankheit gestorben war. Der Anblick der vielen leidenden Menschen um sie herum setzte ungeahnte Energien in den beiden frei. Zwischen 75 und 100 Menschen verpflegten sie am Tag. Dabei machten sie keinen Unterschied zwischen der Verpflegung der Flüchtlinge und ihrer eigenen Familie. Doch alle Hilfe war immer noch zu wenig. Immer wieder starben im Dorf Menschen an Unterernährung. Und als wäre das an Leiden nicht genug, brach unter den Flüchtlingen noch Typhus aus. Einer nach dem anderen wurden die entkräfteten Menschen nun aus dem Leben gerissen. Das Schicksal der Familie Fröse ist typisch für das so vieler anderer; Anna Reimer Dyck erinnert sich: „Sie waren mit einer Gruppe aus Wiesenfeld geflohen. Auf der Flucht hielten sie an einem Haus an, um zu übernachten. Hier wurde der Vater und einer seiner Söhne erschossen. Am Kuban verstarb dann die Mutter. Auf ihrem Sterbebett bat sie meine Mutter, die sie liebevoll pflegte, ob diese ihren zurückbleibenden Sohn nicht zu sich nehmen könne. Mutter erklärte sich einverstanden und Cornelius wurde hinfort als ein Mitglied unserer Familie behandelt. Kurz nach dem Tod seiner Mutter verstarb ein weiterer Bruder von Cornelius und dessen Frau, die zwei kleine Kinder hinterließen. Dann starb Cornelius' Schwester während der Geburt ihres Sohnes, der am Leben blieb. Und zum Schluss starb noch eine weitere Schwägerin von Cornelius, trotz der intensiven Pflege seitens meiner Tante Anna. So verlor unser Freund Cornelius, als Folge einer Serie von Tragödien, innerhalb eines halben Jahres seine Eltern, zwei Brüder, eine Schwester und zwei Schwägerinnen."

Im Spätherbst 1921 brachte man einen kleinen Jungen in ihr Haus, dessen Eltern vor Kurzem verstorben waren. Das Kind war schrecklich verwahrlost und unterernährt und schien schwer krank zu sein. Allerdings sagte man den Reimers nicht, dass seine Eltern an Typhus gestorben waren. Es dauerte nicht lange, und Mias Vater und wenig später auch ihre Schwester Anna steckten sich ebenfalls an. Über Wochen lag Anna bewusstlos da, und auch der

Vater schien die Krankheit nur schwer zu ertragen. Inmitten seiner Krankheit entschloss er sich dann endlich, sein Leben ganz und gar dem Herrn Jesus zu geben. Dank der guten Pflege überlebten sowohl er als auch seine Tochter die Krankheit, und als er gesund war, ließ sich Jakob Reimer in der örtlichen Mennoniten-Brüdergemeinde taufen.

Erst mit dem Beginn des Sommers 1921 wurde es im Dorf etwas leichter. Die neue Regierung hatte den meisten Flüchtlingen ein Stück Land zugeteilt, das vorher von den reicheren Bauern konfisziert worden war, vor allem von Jakob Reimer. Jetzt konnten sie für sich selbst sorgen. Zusätzlich kam endlich Hilfe von den Mennoniten aus Amerika. Jakob Reimer selbst setzte sich nun ganz und gar für die Entwicklung der neuen landwirtschaftlichen Strukturen im Dorf ein. Das alte System der Landbearbeitung konnte ja kaum noch angewandt werden, da die landwirtschaftlichen Flächen, die den Familien zugeteilt wurden, viel zu klein waren, um Jahr für Jahr eine Kultur darauf zu ziehen. Kein Boden würde einen solchen Raubbau lange mitmachen. Ein brillanter Landwirt wie Jakob erkannte bald die Gefahr der Kleinbauern-Wirtschaften. Und da die politische Situation keine Änderung vorsah, suchte er intensiv nach Auswegen. Neue Kulturen wurden vorgestellt, besonders Sonnenblumen und Zuckerrüben, und eine Anlage zur Verarbeitung dieser Basisfrüchte in Öl und Zucker wurde ebenfalls aufgebaut. Um die Umstellung so schnell wie möglich voranzutreiben, reiste Mias Vater mehrere Male nach Moskau.

Durch diese Bemühungen überwand das Dorf langsam die drohenden Gefahren der Verarmung. Es ging wieder aufwärts. Man richtete die alten administrativen Strukturen in der Kolonie ein und berief Alexander Friesen wieder ins Oberschulzenamt. Friesen machte aus seiner Antipathie zum herrschenden Regime keinen Hehl, und so wurden allmählich auch wieder alle „alten Ordnungen" eingeführt, soweit es eben ging. Vor allem die Dorfschule schien wieder ganz die alte.

Aber die Zeiten hatten sich doch geändert. Immer wieder warnte man Friesen, er solle sein Amt niederlegen und einem Genossenschaftskomitee Platz machen, was dieser aber entschieden ablehnte. Man lud ihn gar ein, das unweit der Kolonie gelegene Mosajew-Anwesen kennenzulernen, welches in eine Sowchose umgewandelt worden war. Man wies ihn an, eine ähnliche Struktur in seinem Bezirk einzuführen. Doch Friesen lehnte ab. Eines Tages missachtete er eine Anweisung von oben, er solle für eine Nachtfahrt Pferde, Wagen und Menschen zur Verfügung stellen. Es war durchaus nicht ungefährlich, durch die Nacht zu reisen, wo doch so viel Unheil passierte. Gleich am nächsten Morgen war die Polizei im Dorf, um Friesen zu verhaften. Aber dieser hatte dies wohl geahnt und war schnell mit seiner Familie nach Suworowka geflohen.

Man wählte zwar sofort nach seinem Verschwinden einen neuen Oberschulzen, einen gewissen Johann Kröcker, aber als dieser im Gebietsamt ankam, residierte hier bereits ein Genossenschaftskomitee, an dessen Spitze Jakob Ebel, ein deutscher Kommunist, stand. Nun wurden in die Kolonie- und Dorfverwaltung bewusst Leute berufen, die sich mit dem neuen Regime arrangierten. Einer dieser Leute war ein gewisser Martens. Dieser war als Flüchtling mit seinen neun Kindern ins Dorf gekommen und hatte nur dank der großzügigen Hilfe der Reimers überlebt. Doch sobald er sich erholt hatte, schloss Martens sich der Kommunistischen Partei an und wurde in die Administrative Leitung des Dorfes berufen. Über Nacht änderte der Mann sein Gesicht. Eines Tages erschien er auf dem Grundstück von Jakob Reimer, wo gerade Getreide gedroschen wurde, und teilte ihm und den Arbeitern laut mit, dass er ab jetzt für dieses Anwesen verantwortlich zeichne. Reimer habe nichts mehr zu sagen. Jakob blieb still, senkte den Kopf und ging zurück in sein Haus. Innerlich kochte er. Aber ein Wort zu viel, und Martens hätte ihn verhaften lassen. Er war jetzt die Gewalt im Dorf. Und diese Gewalt war überall zu spüren. „Umerziehung" hieß das neue Stichwort.

Natürlich setzte diese Umerziehung nicht nur bei den Erwachsenen an. Gerade die Kinder standen im Mittelpunkt des neuen Programms. Und Mia sollte bald ganz persönlich, ähnlich wie ihr Vater, diesen Druck erleben. Sie hatte mit großem Erfolg 1923 die Dorfschule beendet und wechselte nun in die sogenannte „Bankschule", die Zentralschule im Nachbardorf. Diese war einige Jahre zuvor von den Dorfbewohnern gegründet worden, wobei

Jakob Reimer als einer der größten Förderer der Schule galt. Anna, Mias ältere Schwester, hatte diese Schule für zwei Jahre besucht. Aber damals berief noch die Kolonie das Lehrpersonal, und Anna erinnerte sich gerne an ihre Erfahrungen in der Bankschule. Dann aber, inmitten der Bürgerkriegswirren, als es für die jungen Mädchen extrem gefährlich geworden war, den langen Weg zur Schule zu laufen, war sie wieder geschlossen worden.

Das Gebäude der „Bankschule"

Der Bürgerkrieg war zu Ende, und die Sowjets hatten die Macht fest in ihren Händen. Vieles wurde nun zentral und an den Siedlern vorbei entschieden, so auch die Neueröffnung dieser weiterführenden Schule. Die Schüler kamen aus allen umliegenden Dörfern, unter ihnen sehr viele Russen. Der Unterricht wurde nun in Russisch erteilt, und die meisten Lehrer waren bewusste Anhänger der marxistisch-bolschewistischen Ideologie. Die wenigen mennonitischen Lehrer hatten sich offensichtlich der neuen politischen Lage angepasst. Natürlich gab es keine Morgenandacht mehr und auch keinen Religionsunterricht. Stattdessen wurde bald atheistische Gesellschaftskunde unterrichtet. Weigerten die Lehrer sich, ihre Schüler entsprechend zu unterrichten, wurde ihnen fristlos gekündigt. Das Unterrichtsniveau fiel bald stark ab.

Natürlich war das alles auch im Hause Reimer bekannt. Vater Jakob hatte sich seit Jahren um die Hebung der Schulbildung in der Kolonie eingesetzt. Auch die Gründung der Zentralschule ging nicht zuletzt auf seine Initiative zurück – jetzt aber war er zum Statisten verurteilt und beobachtete mit großen inneren Schmerzen die Entwicklung. Mit vielen Zweifeln kämpfend, entschied er, seiner Tochter Mia den Besuch dieser Schule zu gestatten. Was sollte sie denn auch sonst tun? Eine Alternative schien nicht zu existieren. Denn das Kind sollte, wenn nur irgend möglich, weiterlernen.

Der Weg zur Zentralschule war weit, und deshalb ritt Mia mit dem Pferd zur Schule wie auch schon vorher ihre Schwester Anna. Ihr Pferd stellte sie bei einem befreundeten Bauern in der

Nähe der Schule ab. Der lange Weg zur Schule ließ ihr viel Zeit, über den Unterricht und über die atheistische Atmosphäre an der Schule nachzudenken.

Tagaus, tagein piesackten die Lehrer sie und andere Kinder ehemaliger reicher Bauern. Immer wieder musste sie sich anhören, welche Verbrecher Menschen wie ihre Eltern seien und wie wenig sie für das Allgemeinwohl der Gesellschaft getan hätten. Ausgerechnet ihr Vater? Oder der Großvater? Der Onkel? Wer, wenn nicht sie, wusste es besser. Immer wieder standen ihr die vielen Menschen vor Augen, denen ihre Eltern geholfen hatten: Flüchtlinge, Soldaten, Verbrecher gar. Sie sah den kleinen typhuskranken Jungen, dessen Eltern gerade zuvor gestorben waren, und wie besorgt sich Vater um dieses Kind gekümmert hatte – mit dem Ergebnis, dass er sich selbst angesteckt und beinahe daran gestorben wäre. Ihre Eltern – Verbrecher? Mia musste innerlich lachen.

Und dann die täglichen Angriffe auf ihren Glauben. Die sonst nicht besonders gebildeten Lehrer griffen scheinbar zu jedem Mittel, wenn es nur half, den Glauben ihrer mennonitischen Schüler zu verleumden. Wehren durften sie sich nicht. Wagte es einer, so schickte man ihn prompt von der Schule. Wie oft hätte Mia am liebsten laut losgebrüllt und auf diese schreiende Ungerechtigkeit hingewiesen. Aber sie blieb still. Nur zu Hause sprach sie darüber, besonders zu Vater. Er war ihr seit seiner Bekehrung weit mehr als ein Vater, nämlich auch ein Seelsorger geworden. Geduldig hörte er sich die Berichte seiner Tochter an und ermutigte sie dann traurigen Herzens, es wieder einmal hinunterzuschlucken. „Gott wird schon seine Sache durchsetzen", war seine Überzeugung. Doch die Zeit verging, und die Lage an der Schule verschlechterte sich von Monat zu Monat. Mia kam immer weniger mit der Schule und der inneren Haltung der Lehrer zurecht. Im zweiten Schuljahr platzte ihr wohl endgültig der Kragen. Sie sprach die Sache mit ihren Eltern durch und beschloss, die Schule nicht mehr zu besuchen.

Diese Entscheidung fiel Mia sehr schwer. Sie war lernwillig und begabt. Wie gerne hätte sie weiterstudiert! Aber die persönlichen Konsequenzen, die diese Schule ihr abverlangte, nämlich ihren Glauben aufzugeben, gingen ihr entschieden zu weit. Niemals würde sie den Glauben an Gott gegen das Wissen dieser Welt tauschen. Diese Entscheidung stand fest. Und so verließ Mia die Schule gleich nach Ostern. Alle Überredungskünste ihrer Lehrer gingen ins Leere. Mia blieb sich selbst treu.

Persönliche Hinwendung zu Jesus

Mia wurde von klein auf im Glauben an Gott erzogen. Sie kannte das Wort Gottes, und das positive Beispiel ihrer Eltern, vor allem ihrer Mutter, hielt ihr Interesse an Glaubensfragen wach. Noch in der Dorfschule begann sie, sich beim Anhören einer Predigt Notizen zu machen und diese dann später persönlich durchzuarbeiten. Sie war wissbegierig und ließ sich nicht mit schnellen Antworten abspeisen. Und obwohl sie an Gott glaubte, wurde ihr bald die Frage nach persönlicher Heilsgewissheit zum Stolperstein. Mia wollte klar und deutlich wissen, ob Gott auch sie persönlich zu seinem Kind gemacht hatte. Aber alles Beten und Forschen schien ihr diese Frage nicht zu beantworten. Gott schwieg zunächst einmal. Auch die Lehrer in der Schule und Prediger in der Gemeinde konnten ihr die grundlegenden Zweifel nicht nehmen. War sie nun von Gott angenommen, oder nicht? Hatte der Herr Jesus ihr persönlich vergeben, oder nicht? Solche und ähnliche Fragen fraßen sich tief in ihr Bewusstsein und nahmen ihr die Ruhe.

Eines Tages beschloss Mia, sich mit diesen Fragen an ihren Vater zu wenden. Auch er war jahrelang der Gemeinde und dem persönlichen Glauben an Gott ferngeblieben, und Mutter hatte früher immer gesagt, dass Vater noch einige Fragen habe, die erst beantwortet werden mussten, dann würde auch er sich ganz an Jesus Christus wenden. Das hatte er dann auch getan. „Wie kein anderer wird er mich verstehen“, dachte Mia.

Und ob Vater sie verstand! Jakob Reimer nahm sich viel Zeit, seiner Tochter den Glauben und auch die Quelle menschlicher Zweifel zu erklären. Er tat es mit der aufgeschlagenen Bibel in der Hand und mit Beispielen aus seinem eigenen erlebnisreichen Leben. Jetzt verstand Mia die Zusammenhänge und wurde froh dabei. Voller Dankbarkeit für die Erlösung durch das Blut Jesu betete sie zusammen mit ihrem Vater. Schon bald darauf meldete sie sich zur Taufe. Mit mehreren Personen zusammen wurde Mia im Kuban getauft und in die örtliche Mennoniten-Brüdergemeinde aufgenommen. Sie war noch sehr jung, aber fest entschieden, ihrem Herrn bewusst und treu zu dienen.

Die große Entscheidung

Nach dem Abbruch der Schule lebte Mia zu Hause bei den Eltern und half ihnen in der viel kleiner gewordenen Wirtschaft. Der einmal über sein Dorf hinaus angesehene Bauer Jakob Reimer galt nun als „Kulake", und das war beim besten Willen keine Ehre, sondern eher ein Stigma für die ganze Familie. Privater Besitz war für die Sowjets dasselbe wie Diebstahl. Und wer gestohlen hatte, war somit ein Verbrecher, den es zu ächten galt. Das bekam auch Familie Reimer überall bei den Behörden zu spüren. In diesen Behörden saßen jetzt in der Regel diejenigen, die es in ihrem Leben eigentlich zu nichts gebracht hatten. Nun aber waren sie die Herrscher. Und das kosteten sie aus. Man hatte den Reimers nahezu alles weggenommen. Geblieben waren zwei Kühe, zwei Schweine, zwanzig Hühner und einen Anteil am Traktor. Nicht viel, um als reich zu gelten, und doch viel zu viel, um bei den Sowjets rehabilitiert zu werden.

Da es für den agilen Jakob Reimer kein wirtschaftliches Vorankommen mehr zu geben schien, fing er bewusst an, sich mit seinem Glauben auseinanderzusetzen. Natürlich war auch das in den Augen der Machthaber suspekt. Damit machte er sich nicht gerade Freunde. Aber Jakob hatte sich in seinem Leben noch nie den Lebensalltag diktieren lassen und zeigte auch jetzt, da die politische Lage äußerst schwierig wurde, keinerlei Anstalten, sich ändern zu wollen. Wohl auch auf seine Initiative hin lud die örtliche Mennoniten-Brüdergemeinde im Jahre 1924 den früheren Lehrer und bekannten Prediger Johann Töws aus Suworowka ins Dorf ein, hier einen Bibelkurs durchzuführen. Im Dezember 1924 sollte der Kurs beginnen. Jakob Reimer war einer der Ersten, der sich in diesen Kurs einschrieb, und zwar gemeinsam mit seiner Tochter Anna. Auch Mia wäre gerne dabei gewesen. Aber die Sowjets hatten unter Strafe verboten, dass man sich vor dem 18. Lebensjahr mit Religion beschäftigte, und so musste sie zu Hause bleiben. Und doch ließ sie sich nicht vom Studium der Schrift zurückhalten. Sie studierte einfach mit ihrer Schwester mit. Wenn Anna nach Hause kam, ging diese mit ihrer jüngeren Schwester die Mitschriften durch, indem sie gemeinsam versuchten, das Vermittelte zu verarbeiten. Lehrer Töws lag es offensichtlich am Herzen, seinen Bibelschülern die Heilige Schrift lieb werden zu lassen. Er hielt sie an, große Teile der Schrift auswendig zu lernen. Ahnte er, dass die Sowjets die Heilige Schrift bald zu einem verbotenen Buch erklären würden und die Gläubigen dann nur von ihrer Erinnerung leben müssten? Die Reimers jedenfalls lernten gerne mit, und auch Mia war fleißig dabei. Eine besondere Erfahrung waren dabei die Mahlzeiten. Prediger Töws nahm gewöhnlich seine Mahlzeiten bei den Reimers ein, und so kam es bald zu lebhaften Tischgesprächen. Auch Mia beteiligte sich an diesen Gesprächen. Viele ihrer Fragen konnten so direkt geklärt werden.

Der Bibelkurs dauerte sechs Monate. Er hat zweifellos das Gemeindeleben in Welikoknjaschesk entscheidend beeinflusst. Anna Reimers Arbeit mit den Mädchen im Dorf erhielt durch den Kurs entscheidende Impulse. Selbst die missionarischen Fahrten des Gemeindechors in die benachbarten russischen Baptistengemeinden schienen in direkter Verbindung mit dem Kurs zu stehen. Ein bis dahin nicht gekannter geistlicher Aufbruch erfasste die Kolonie. Ähnliches war auch in anderen Gebieten Russlands unter den Mennoniten zu beobachten.

C.A. DeFehr, der den Jugendchor der MBG leitete und auch für den geistlichen Beistand für die jungen Militärverweigerer in der Kolonie sorgte, erzählte, wie geschickt man beispielsweise die Gerichtsverhandlungen zum Zeugnis für Jesus nutzte. Tapfer hielten sich die Jugendlichen an ihren Glauben und verweigerten den Dienst mit der Waffe. Und jedes Mal füllten viele Schaulustige den Gerichtssaal. Die Verhandlungen waren öffentlich, und die Gläubigen nutzten bewusst die Gelegenheit zum Zeugnis. Nicht selten lud man zu einer solchen Verhandlung auch russische Baptisten mit ein, die dann die Aussage der Brüder in Wort und Lied unterstützten.

Nach dem Abschluss des Bibelkurses äußerte Mia den Wunsch, an einer Bibelschule weiterzustudieren. Lehrer Töws hatte seinen Kursteilnehmern von den Bibelschulen in Russland berichtet und die Gläubigen angehalten, für diese Anstalten zu beten, weil sie alle in der Gefahr standen, von der Regierung geschlossen zu werden. Er nannte die Schule auf der Krim in Tschongraw, die sehr segensreich gearbeitet habe und nun leider im März 1924 geschlossen wurde, sowie eine Schule in Leningrad, wo der auch am Kuban bekannte Lehrer Adolf Reimer (1881–1921) gelehrt hatte, und erzählte auch von der gerade gegründeten Bibelschule in Orenburg. Die Schule in Orenburg wäre für Mia wohl am ehesten infrage gekommen. Doch die Eltern Reimer konnten sich nicht entschließen, ihre Tochter zur Bibelschule gehen zu lassen. Weil sie ein Mädchen war, war ihnen dieser Gedanke etwas fremd.

Obwohl man in der Mennoniten-Brüdergemeinde allgemein großen Wert auf Bildung, auch auf die Ausbildung der Mädchen, legte, blieb der geistliche Dienst den Brüdern vorbehalten. Sie waren es in der Regel, die zur Bibelschule gingen. Meist besuchten ihre Frauen – falls sie schon verheiratet waren – während des Studiums des Mannes eine Krankenpflege-Lehranstalt. So jedenfalls handelten die meisten Mennoniten, die die Bibelschule in Berlin oder Riga besuchten. Da war die Nachricht von der gerade in Halbstadt, in der ehemaligen Molotschna-Kolonie, gegründeten medizinischen Lehranstalt eine gute Alternative.

Katja Claassen, die Tochter des Mitbegründers sowohl der Mennoniten-Brüdergemeinde als auch der Kuban-Ansiedlung, war gerade aus Halbstadt in ihr Heimatdorf zurückgekehrt. Sie hatte dort das mennonitische Diakonissen-Mutterhaus „Morija" geleitet. Dieses Mutterhaus war im Jahr 1909 gegründet worden, wofür man in Halbstadt ein imposantes Gebäude errichtet hatte, wo die Diakonissen lernten und lebten. Jetzt aber hatten die Sowjets das Mutterhaus aufgelöst, und Katja wurde gezwungen, Halbstadt zu verlassen. Im Mutterhaus selbst richtete man zunächst eine Kaserne für die Armee ein, das besagte Medizinische Institut. Hier sollten nun Ärzte und Krankenschwestern ausgebildet werden. Die meisten Lehrer waren mennonitische Ärzte aus Halbstadt, zu denen man großes Vertrauen haben konnte.

Eines Tages besuchte Katja Claassen die Reimers, mit denen sie eng verwandt war. Sie berichtete von den Entwicklungen in Halbstadt und schlug dann vor, Mia solle versuchen, in Halbstadt einen Studienplatz zu bekommen. Viele von Mias Freundinnen aus dem Dorf waren bereits nach Kanada ausgewandert. Auch ihre Schwester Anna und ihr Bruder David verließen Russland, um in der Neuen Welt den Repressalien der Sowjets zu entgehen. Mia fühlte sich im Dorf immer einsamer. Katjas Vorschlag schien tatsächlich eine Lösung anzubieten. Tagelang besprach die Familie nun diese Möglichkeit. Wie würde man eine Kulakentochter behandeln? Würde Mia nicht auf einmal schwach werden und dem Druck der Kommunisten nachgeben und vielleicht ihren Glauben verleugnen? Nicht, dass man ihr so etwas unterstellte, aber im Hause Reimer sprach man über alle Eventualitäten.

Vater Jakob schrieb also Briefe nach Halbstadt an Verwandte und Freunde. Schließlich rang sich ihre Familie zu der Entscheidung durch: Mia soll nach Halbstadt gehen. „Wenn es zu schlimm wird und man ernstlich versucht, eine Atheistin aus dir zu machen, dann kommst du einfach nach Hause“, sagte ihr Vater. Das versprach Mia. Auch ihre Schwester Käthe entschloss sich zu studieren. Sie reiste in die Stadt Armavir, wo sie am örtlichen Konservatorium ein Musikstudium aufnehmen wollte.

Im Sommer 1926 war es für Mia so weit. Mutter Emilie beschloss mitzureisen. „Wir können ja auf dem Weg nach Halbstadt noch mein Heimatdorf und die dortigen Verwandten besuchen“, schlug sie vor. Seit vielen Jahren war sie nicht mehr auf der Krim gewesen. Diese Aussichten machten die bevorstehende Reise für Mia noch attraktiver, und sie freute sich schon sehr darauf.

KAPITEL 2

HINAUS IN EINE FEINDLICHE WELT

Mutters Heimatdorf war sehr klein und lag einsam in der Steppe, aber Mia gefiel es hier. Die deutschen Siedler hatten auch hier ein Wunderwerk aus der Steppe gestampft. Große Weingärten umgaben das Dorf, sodass es fast versank im Grün der Zier- und Obstbäume. Aber auch hier merkte man nicht mehr viel vom früheren Reichtum der Bauern. Mutters Schwester Martha hatte sieben Kinder, und Mia befreundete sich schnell mit ihren Kusinen und Cousins. Die Verwandten lebten alle bescheiden, ja verglichen mit der Situation in Welikoknjaschesk recht arm. Um ihnen nicht zur Last zu fallen, zogen die Reimers zu den besser gestellten Verwandten namens Puritz.

Die Freude im Hause der Verwandten dauerte aber nicht lange an. Eines Nachts wurden die Dorfbewohner von einem furchtbaren Erdstoß geweckt. Unsanft aus dem Schlaf gerissen, liefen die Leute auf die Straße. Ein Erdbeben in einer für Mia bis dahin ungeahnten Stärke erschütterte die Krim. Sie hatte auch am Kuban immer wieder Erdstöße erlebt. Doch die waren eher harmlos gewesen. Man hatte sich an das Klirren der Gläser gewöhnt und die Furcht vor einem Erdbeben verloren. Das hier aber war anders. Als es am nächsten Tag dann noch ein starkes Nachbeben gab, stand für die beiden Frauen fest: nur noch raus aus der Krim! Auch im Zug konnten sie noch ein leichtes Beben vernehmen. Man sah es den Mitreisenden an: Die Angst saß ihnen im Nacken.

In Halbstadt angekommen, fanden Mutter und Tochter bei der Witwe Ediger, einer guten Bekannten von Reimers, Unterkunft. Man erwartete sie bereits, weil Vater ihre Ankunft schriftlich angekündigt hatte. So wurden sie überaus freundlich aufgenommen. Nach einer verdienten Ruhe von den Reisestrapazen begaben sie sich in die Stadt.

Halbstadt war ein schmuckes Städtchen. Von den Mennoniten als Koloniezentrum angelegt, mauserte es sich mit ihrem wachsenden Wohlstand zu einem wahren industriellen und kulturellen Zentrum des Kreises. Es gab hier mehrere Schulen und Weiterbildungsanstalten, ein Krankenhaus, mehrere Fabriken und Werke. Schon die Mennoniten hatten in Halbstadt alle ihre sozialen Einrichtungen konzentriert.

Die Sowjets nutzten jetzt die hervorragende Stellung Halbstadts und bauten sie massiv aus. Eine Reihe führender Persönlichkeiten der deutschen Sektion des Kommintern wurde nach Halbstadt abkommandiert, um so die deutschsprachigen Mennoniten von der kommunistischen Ideologie zu überzeugen. Getreu der leninschen Devise, dass Wissen eine wahre Umgestaltungskraft besitzt, setzten sie auch hier auf die Umerziehung der Jugend durch höhere Bildung. Doch Kommunisten wären keine Kommunisten, wenn sie dabei nicht auch früher oder später Gewalt ausüben würden. So gehörte es eben auch zum Programm, dass man bewusst alle ihnen suspekten und wohl auch intellektuell überlegenen „Elemente“ aus dem Verkehr zog. Deswegen verlor auch Katja Claassen ihre Stellung. Sie war den Sowjets trotz ihrer jahrelangen Erfahrung in der Ausbildung von Krankenschwestern allein schon deshalb nicht geheuer, weil ihr Vater einst vom Zar für seine Verdienste mit der silbernen (1871) und goldenen Verdienstmedaille (1874) geehrt worden war. Außerdem hatte er persönliche Kontakte zum Großfürsten Michail Nikolajewitsch gepflegt, und sein Sohn David, Katjas Bruder, war für seine Verdienste in den Adelsstand erhoben worden – für die Mennoniten ein einmaliger Vorgang. Solche Leute passten nun den selbsternannten Gleichmachern nicht ins Konzept. Auch andere führende Vertreter des Sozialwesens Halbstadt wurden aus ihren Ämtern verjagt. Die erste von vielen „Säuberungswellen" begann.

Ein solches Säuberungsinstrument war auch das gesamte Aufnahmeverfahren an den Bildungsstätten. Nicht Fachleute, sondern ideologische Leiter waren nun für die Auswahl der Schüler und Studenten zuständig. Im Halbstädter Medizinischen Institut waren es die Genossen Hochstäger, der der Schule vorstand, und Dandor, der für die politische und ideologische Erziehung der Schüler eingeteilt war. Während der Österreicher Hochstäger als gelernter Jurist durch sein anziehendes Wesen bestach, wirkte der wenig gebildete und niedrig gesinnte Dandor auf die zumeist mennonitischen Schüler eher abstoßend. Er vermochte seine Schützlinge nur durch Angst in Schach zu halten.

Mia bewarb sich an der Schule und musste es sich zunächst gefallen lassen, von den beiden Kommunisten ausgefragt und ausgiebig über den zersetzenden Einfluss, den ihre Kulaken-Eltern auf sie hatten, belehrt zu werden. „Am besten für Sie wäre, wenn Sie sich öffentlich von Ihrem gesellschaftlich gefährlichen Vater lossagten", redete Dandor auf sie ein. Mia schwieg zu alldem. Sie wurde erst einmal zur Aufnahmeprüfung zugelassen und bestand diese mit den besten Noten. Wieder wurde sie von Hochstäger und Dandor vorgeladen. Höflich erklärte ihr der Schulleiter, dass man in eine sowjetische Lehranstalt nur würdige und beste Bewerber aufnehmen könne. Sie aber, die Tochter einer Person, der die Sowjetregierung keineswegs trauen könne, sei natürlich nicht würdig, gefördert zu werden. „Warum sagen Sie sich nicht einfach los von Ihrem Vater? Öffentlich und endgültig", fügte Dandor noch hinzu.

Wie so etwas ablief, darüber war Mia längst im Bilde: Sie brauchte nur ein Wort zu sagen, und am nächsten Tag hätten alle Zeitungen in der Stadt die Nachricht bereits gedruckt. Bildlich stellte sie sich die Anzeige vor. Von ihrem über alles geliebten Vater lossagen? Niemals würde sie so etwas tun. Traurig, aber entschlossen blickte sie dem Schulleiter in die Augen und schwieg. Er schien zu verstehen. „Dieses intelligente Mädchen hat etwas Anziehendes an sich. Und einen eigenen Willen!", dachte er. Dann meinte er zu Mia, dass die Sowjetregierung eine gütige Regierung sei und man sehen werde, ob man ihr nicht doch eine Chance einräumen könnte. Sie solle etwas warten, vielleicht gäbe es da doch noch einen Weg, sie trotz ihrer unwürdigen familiären Herkunft aufzunehmen.

Völlig verkrampft verließ Mia das Büro des Schulleiters. In ihr tobte ein wilder Krieg der Gefühle. Wut und Ärger gegen diese arroganten Männer mischten sich mit tiefer Zuneigung ihrem Vater gegenüber. „Was denken sich diese vermessenen Typen bloß – ich soll mich von meinem Vater lossagen? Von meinem lieben und schwer geschlagenen Vater? Den ich so liebe!" Ihre Augen funkelten. „Nein, diesen Gefallen werde ich euch niemals tun. Niemals!" Sie lief fast an den verwunderten Menschen vorbei. Manche blieben stehen. Das tränenüberströmte Gesicht des hübschen jungen Mädchens weckte Erbarmen in ihnen. Andere erkannten Mia und riefen ihr nach. Aber sie hörte nichts. Sie hatte sich entschieden: Nichts wie raus hier. Nach Hause. Zurück zu Vater!

Erst in ihrem Gastzimmer kam sie ganz zu sich. Ihre Mutter wartete schon auf sie. Sie wollte alle Einzelheiten hören. Mia erzählte. Doch schon beim Erzählen fing sie an zu selektieren. Sie wollte nicht, dass Mutter die schlimmen Worte über ihren Mann hörte. Das besonnene Berichten beruhigte sie. „Ich soll warten, Mutter. Du weißt doch, man hält uns nicht für ‚würdig' zu studieren. Aber ich habe in den Prüfungen sehr gut abgeschnitten, und deshalb will man mir vielleicht eine Chance geben." Und während sie das sagte, wusste sie auch, dass sie warten und trotz der Anfeindungen versuchen würde zu studieren.

Eine Woche lang ließen sich Hochstäger und Dandor Zeit. Für Mia war dies eine Woche höchster Anspannung. Sie wäre womöglich seelisch zusammengebrochen, wenn sie nicht bald gute Freunde gefunden hätte. Es waren vor allem zwei Mädchen, Milla Zimmer und Susie Penner, die sich ebenfalls am Medizinischen Institut um eine Stelle beworben hatten, und drei junge Männer, Ernst Ediger, Jascha Wiens und Peter Braun, die an der örtlichen pädagogischen Hochschule studierten. Jascha Wiens verliebte sich auf den ersten Blick in Mia und bot ihr auch gleich die

Freundschaft an. Mia schlug aus, blieb aber sowohl für ihn als auch für die anderen Freunde eine gute Kameradin. Die jungen Männer waren schon länger im Studium und hatten das neue sowjetische Schulsystem mit seinen Propaganda-Mühlen bestens kennengelernt. Gerne gaben sie ihre Erfahrungen an die Mädchen weiter und vermochten auf diese Weise bald auch Mias Ängste zu zerstreuen. „Was können sie uns denn schon antun? Das Schlimmste, was uns passieren kann, ist, dass sie uns feuern und wir nach Hause fahren. Wenn wir aber klug sind wie die Schlangen, dann haben wir vielleicht doch noch eine Chance zu studieren. Und wir müssen besser, viel besser als diese Bolschewiken sein, dann können sie uns nicht so schnell rauswerfen", sagten sie. Langsam legten sich so auch Mias Bedenken.

Und das Wunder geschah: Mia wurde als Studentin in das Medizinische Institut aufgenommen. Die entsprechenden Kommentare des Schulleiters überhörte sie einfach. Sie war dabei, und nur das zählte! Wie beflügelt lief sie zurück zu ihrer Mutter. Diese konnte nun beruhigt nach Hause fahren. Mia durfte studieren und bekam auch einen Platz im Internat.

Das Institut hatte etwas mehr als einhundert Studenten. Nur vier davon waren männlich. Fast alle Mädchen waren mennonitischer Herkunft – genau wie die meisten Lehrer. Aus Mangel an ideologisch geschultem Fachpersonal stellte Hochstäger örtliche Ärzte als Lehrer ein. Es waren gute Lehrer. Sah man von den Qualen des Unterrichts bei Genosse Dandor ab, so machte das Studium Mia große Freude. Sie kam gut mit, was nicht so selbstverständlich war. Denn die Regierung versuchte möglichst schnell das alte medizinische Fachpersonal durch neue, im kommunistischen Geist erzogene Arbeiter auszutauschen und hatte deshalb das normalerweise auf fünf Jahre angelegte Studium auf drei Jahre verkürzt. Tag und Nacht beinah musste nun unter strengster Aufsicht studiert werden.

Neben dem Fachunterricht, der sehr viel Praxis im Krankenhaus mit einschloss, sah der Unterricht auch kulturbildende Fächer vor. Mia genoss ganz besonders den Literatur- und Drama-Unterricht bei Dr. Kornelius Wiens. Die Studenten machten sich nicht nur mit den literarischen Stücken vertraut, sondern übten auch verschiedene Dramen ein. Diese wurden dann öffentlich in der Aula der Landwirtschaftlichen Schule aufgeführt. Diese Schule sowie das Lehrerseminar hatten je 400 Studenten, daher waren auch diese Vorführungen meist sehr gut besucht.

Viel Zeit für Freizeitaktivitäten blieb den Studenten nicht. Doch die jungen Leute fanden trotzdem auch Zeit für Spaß und Sport. Mia und ihre beiden Freundinnen nannten sich nun „Kleeblatt", als bewusstes Gegenstück zum „Trio". So nannten sich nämlich die drei Freunde Ernst Ediger, Jascha Wiens und Peter Braun. Das Trio machte den Mädchen beharrlich den Hof. Diesen gefiel es, und doch blieben sie auf wohlwollender Distanz. Dafür unternahmen sie viel gemeinsam. Sie fuhren Schlitten, spielten Tennis, wanderten und lauschten manch einen Abend dem Konzert der Frösche. Es war rührend zu erleben, wie sich das Trio um das Kleeblatt kümmerte, sobald eins der drei Mädchen krank wurde. Eines Tages hatte Mia schlimme Zahnschmerzen. Sie verspürte keinerlei Lust, mit ihren Freundinnen nach draußen zu gehen. Da erschien auf einmal das Trio mit einem riesigen Fliederstrauß und getrockneter Kamille zur Linderung der Schmerzen, direkt aus dem Garten der Tante Ediger. Jeder der drei hatte für die kranke Mia ein Gedicht geschrieben und trug es jetzt mit großer Hingabe vor. Da schwanden die Zahnschmerzen fast von selbst ...

Am Sonntag gingen die Studenten nur selten in die Kirche. Trotz des öffentlichen Drucks gab es in Halbstadt immer noch ein blühendes Gemeindeleben. Sowohl in der Mennoniten-Brüdergemeinde als auch in der Mennonitengemeinde wurden immer noch Chöre unterhalten, auch die Gottesdienste waren sehr gut besucht. Mia wäre gerne zum Gottesdienst und auch in die Bibelstunde gegangen. An der Schule verbot man zwar den Gottesdienstbesuch nicht ausdrücklich, aber es gab viele Wege, es den Studenten nahezu unmöglich zu machen, zur Kirche zu gehen. So wurde jeden Sonntagvormittag ein für alle Studenten vorgeschriebenes Pflichtprogramm angeboten, und am Mittwochabend, wenn in den Gemeinden Bibelstunde gehalten wurde, sollten die Jugendlichen Vorträge über Glaube und Wissenschaft anhören, die das biblische Weltbild ins Lächerliche zogen und so ein Umdenken bewirken sollten. Meist las man einen Abschnitt aus der Bibel, zeigte darin angebliche Widersprüche auf und machte sich über den rückständigen und naiven Glauben der Christen lustig. Auch hier war der Besuch Pflicht. Regelmäßig wurden darüber hinaus alle Studenten zu einem antireligiösen Einsatz in die umliegenden Mennonitendörfer gefahren. Sie verteilten dort Propaganda-Material und sollten mit den Dorfbewohnern über deren religiöse Rückständigkeit reden. Solchen Maßnahmen konnte man nicht einfach aus dem Weg gehen. Hier und da meldeten sich die Studenten krank, aber wer war schon immer krank? Einmal in der Woche sollte jeder Student in der Parteizentrale einen Bericht bei Genosse Dandor abliefern mit der Beschreibung dessen, was man nun im Laufe der Woche im Kampf gegen religiöse Vorurteile getan habe. Von regelmäßiger Korrespondenz mit seinen religiösen Eltern wurde entschieden abgeraten, und wer es doch tat, wurde schief angesehen. Mia musste sich wiederholt einen entsprechenden Verweis gefallen lassen, da sie nahezu wöchentlich Briefe von ihrem Vater erhielt, der darin seine Tochter ermutigte, im Glauben fest zu bleiben. Oft fand sie in den Briefen die Worte Jesu zitiert: „Was hülfe es dem Menschen, wenn er die ganze Welt gewönne und nähme doch Schaden an seiner Seele" (Mt. 16,26). Nein, er entmutigte seine Tochter nicht, fleißig zu lernen, sondern wies sie immer wieder darauf hin, dass wirklicher Segen dann geschenkt werde, wenn man in seinem Leben erst nach dem Reiche Gottes trachte, denn dann würden einem alle Dinge zufallen (Mt. 6,33). Briefe solchen Inhalts waren den Kommunisten ein Dorn im Auge. Mit allen Mitteln suchten sie die Beziehung ihrer Schützlinge zu den Eltern zu unterbinden. Als diese 1928/29 in die Winter-Schulferien fuhren, versammelte man sie alle noch einmal in der Aula der Schule und schärfte ihnen ein, nicht mit den Eltern zur Kirche zu gehen. Nach der Rückkehr im Januar wurden dann alle Schüler und Schülerinnen, die in der Kirche gesehen worden waren, vor ein Studentengericht gezerrt. Als einer der Studenten auf die Frage, warum er in den Ferien zur Kirche gegangen sei, antwortete: „Ich ging zur Kirche, weil ich es wollte", wurde er aus der Schule entlassen. Andere sagten, sie seien in der Kirche gewesen, weil ihnen da der Gesang besonders gefiel oder weil sie den Eltern einen Gefallen tun wollten. Solche Studenten durften zwar bleiben, aber jetzt nahm man sich ihrer besonders an, weil sie angeblich immer noch zu stark an der Meinung der Eltern festhielten. Mia wurde nicht befragt, vermutlich deshalb, weil niemand sie angezeigt hatte. Sie war die einzige Studentin aus dem Kaukasus, und die Hände der kommunistischen Propagandisten schienen damals noch nicht so weit zu reichen.

So verging das erste Studienjahr. Mia hatte viel und gut gelernt und sich erstaunlich gut in das Leben fernab vom Elternhaus eingewöhnt. Sie war selbständig geworden. Der starke ideologische Druck hatte ihren Glauben nicht gefährdet. Frohen Herzens fuhr sie in ihre ersten Sommerferien.

Ende eines Studientraums

Das Jahr 1929 sollte eine entscheidende Weiche im Leben der sowjetischen Gesellschaft markieren. Seit Jahren prangerte die Gesellschaft der militanten Gottesleugner den laschen Kampf der Partei gegen den Glauben an. In ihren Berichten zur Lage der antireligösen Erziehung wiesen sie besonders auf die nationalen Minderheiten hin, die immer noch stark im christlichen Glauben verhaftet seien. Sie forderten radikale Maßnahmen. Jetzt reagierte die Partei. Stalin ordnete die Gründung eines besonderen Komitees in Moskau an, das den Kampf gegen die Religion an den Hochschulen überwachen sollte. Dieses entwarf einen Maßnahmenkatalog und ordnete die Schulen an, intensive Säuberungen durchzuführen. So verschärfte sich die Situation auch in Halbstadt nach den Sommerferien radikal.

Mia kehrte nach Wochen gesegneter Erbauung im Kreise ihrer Familie und in der Gemeinde an das Institut zurück. Die geistliche Erholung hatte sie wieder gestärkt, und sie war mehr denn je überzeugt, in der letzten Konsequenz lieber die Schule zu opfern, als den Glauben verleugnen zu müssen. In ihren langen Gesprächen mit dem Vater wurden ihr die Konsequenzen einer solchen Verleugnung noch einmal deutlich. Er hatte sich nun ganz in die Gemeindearbeit gestürzt. Und weil es im Dorf kaum noch Menschen gab, die sich der Glaubenserziehung der Kinder annahmen, übernahm er diese Aufgabe. Woche für Woche sammelte er die Kinder in seinem Haus und lehrte sie, alles in ihrem Leben dem Herrn Jesus Christus unterzuordnen. Auch Mia hatte sich oft zu den Kindern gesellt und ihrem Vater zugehört.

Nach den Ferien wurde der Kirchenbesuch nun ganz untersagt. Der Schulleiter ordnete an, alle persönlichen Neuen Testamente, Bibeln und Gesangbücher müssten in der Verwaltung abgegeben werden. Auf Geheiß aus Moskau wurde ein Komitee gebildet, das nun „alle religiösen und schädlichen Elemente" aus der Schule entfernen sollte. Eine wahre Säuberungswelle schwappte über das Land. Auch in Halbstadt wurde es nahezu unmöglich, als Student noch zu seinem Glauben zu stehen. Fast täglich rief man einen der Studenten in ein großes Zimmer zu einer persönlichen Besprechung. Das Ergebnis war immer dasselbe: Ging der Schüler nicht auf die Forderung ein, seinem Glauben zu entsagen und sich von religiösen Eltern loszusagen, dann wurde er vor das Studentengericht gebracht und der Schule verwiesen.

Die in ihrem Glauben fest verwurzelten mennonitischen Jugendlichen standen vor einem großen Dilemma. Was sollten sie tun? Sie wollten lernen. Für viele Familien war das Studium ihrer Kinder fast die einzige Hoffnung, auch wirtschaftlich durchzukommen. Unter vorgehaltener Hand sprachen die Studenten miteinander. Gab es da vielleicht die Möglichkeit einer Scheinabsage von Gott? „Es muss ja keiner wissen, dass ich trotzdem an Gott glaube und weiterhin glauben werde", sagten die einen. „Ich muss mich opfern, auch wenn ich das ewige Leben verliere. Meine Familie braucht mich. Sie kommen ohne mein Studium sonst nicht durch", sagten die andern. „Wenn ich jetzt an meinem Glauben festhalte, dann werden sie meinen Vater erst recht als Antirevolutionär ins Gefängnis werfen", brachten wieder andere vor. So gaben einige der Befragten nach.

Mia wusste: Eines Tages würde man auch sie holen. Zu genau kannte die Schulleitung ihre Vergangenheit. Man hatte sie ja auch nur „aus Staatsgüte" am Institut angenommen. Ob sie sich nun in den Augen der Genossen Hochstäger und Dandor verändert hatte? Wohl kaum. Sie erhielt immer noch wöchentlich Briefe von ihrem Vater. Und über die Glaubensaktivitäten des Vaters, der im Jahr 1925 Bundesdelegierter der Mennonitischen Allunionskonferenz gewesen war, waren diese Genossen nur zu genau informiert. Was sollte sie tun? Still, wie sie von Natur aus war, sprach sie auch jetzt mit kaum jemand über ihre Ängste.

Dann kam der Tag. Schulleiter Hochstäger rief sie in sein Büro und legte ihr unumwunden vor, sie müsse sich nun endgültig entscheiden: Entweder Gott und die Beziehung zu den Eltern oder die Schule. Und wenn sie sich nicht von Gott und den Eltern lossagte, dann stünde ihr keine Lehranstalt im ganzen Land mehr offen. Man würde die Daten über solche Menschen an alle Universitäten und Institute des Landes schicken. „Wenn Sie sich nicht von Ihren religiösen Kulaken-Eltern lossagen, dann müssen Sie sofort die Schule verlassen", schloss der Schulleiter. Die Enttäuschung darüber, dass sich dieses stille und begabte Mädchen ideologisch nicht umerziehen ließ, stand ihm ins Gesicht geschrieben. Er gab ihr zwei Tage Bedenkzeit.

Es waren zwei sehr, sehr schwere Tage. Viel später schrieb Mia darüber: „Das war für mich eine sehr schwere Entscheidung und doch wusste ich, dass es für mich nur eine Antwort geben konnte. Es fiel mir schwer, einen lieben Traum zu Grabe zu tragen. Ich musste es aber tun und so sagte ich dem Leitenden der Anstalt, dass ich meinen Glauben nicht aufgeben könne." Am nächsten Tag wurde Mia vor das Ehrengericht des Instituts gestellt. Ihre schriftliche Antwort wurde vorgelesen, worauf man den versammelten Studenten die Entscheidung vorlegte. Sie sollten abstimmen, ob Mia als schädliches Element an der Schule bleiben dürfe oder nicht. Das Ergebnis verwunderte keinen: Niemand traute sich, Mia in Schutz zu nehmen, wäre doch solch eine Stimme der eigenen Verurteilung gleichzusetzen. Auch ihre besten Freundinnen stimmten für ihren Ausschluss. Manch eine wischte sich dabei eine Träne fort. Die eigene Freundin zu verraten, die noch den Mut gezeigt hatte, für den gleichen Glauben einzustehen, ist ungemein schwer. Aber Mia wusste ja, warum sie das taten, und nahm es ihnen nicht übel.

Traurigen Herzens nahm sie von ihrer Klasse, ihren Freundinnen und Bekannten Abschied und verließ noch am gleichen Tag die Schule. „Wohl war ich froh, dass ich hatte standhaft bleiben können, aber die Zukunft lag dunkel vor mir. Es schien da kein Lichtstrahl zu sein“, schrieb sie später. Noch vor Ostern erreichte sie ihre Heimat.

Am Institut gingen die Säuberungen weiter. Nach einem halben Jahr mussten 13 der besten Studenten die Lehranstalt verlassen. Eine der Freundinnen berichtete Mia, wie enttäuscht sich der Schulleiter Hochstäger über die Unverbesserlichkeit der mennonitischen Jugendlichen gezeigt hatte. „Dies ist die größte Enttäuschung meines Lebens“, soll er gesagt haben. „Ich glaubte, ihr wäret alle auf meiner Seite, und ich dachte, dass ihr mit meiner Hilfe in drei Jahren vom Glauben an Gott loskommen könntet und würdet. Euer Benehmen gab mir auch Hoffnung dafür. Ihr machtet ja vieles mit. Wie ich jetzt aber sehe, wart ihr innerlich doch nicht auf meiner Seite. Ihr wart meine besten Studenten. Ich kann eure Lage aber verstehen, denn ich komme selbst aus einem gläubigen katholischen Heim und es hat auch bei mir sehr lange gedauert, mich von dem angelernten Glauben zu lösen.“

Mia und viele ihrer Mitstudentinnen ließen sich weder von der Ausstrahlung und Freundlichkeit Hochstägers, noch von der plumpen Verfolgungsstrategie Dandors beeindrucken. Sie blieben ihrem Herrn treu, und diese Treue zahlte sich aus.

Kapitel 3

Der Kampf ums Überleben

Ostern 1929 kehrte Mia nach Welikoknjaschesk zurück. Sie war überrascht, wie stark sich ihr Heimatdorf verändert hatte. Überall traf man auf Unbekannte. Das Dorf schien völlig überschwemmt von Flüchtlingen. Ihr trauriges Schicksal hatte die Atmosphäre in dem einst so fröhlichen Dorf ziemlich verändert. Oder waren es die bedrückenden Erfahrungen, die die ehemals wohlhabenden Bauern nun alltäglich mit den neuen Machthabern machten? Jedenfalls wirkte nichts mehr so wie früher. Eine erschreckende Armut breitete sich aus. Mensch und Vieh schienen unausweichlich einem apokalyptischen Drama entgegenzugehen.

Mias Schwester Käthe war ebenfalls wieder zu Hause. Auch sie war als Tochter eines Kulaken aus dem Konservatorium in Armavir entlassen worden. Ohne Hoffnung auf ein Weiterkommen war Käthe völlig verzweifelt nach Hause gekommen. Auch andere Familien im Dorf erlebten Ähnliches. In diesem neuen sowjetischen Staat schien es für Menschen wie sie keinen Platz mehr zu geben. Mia versuchte es zwar noch einmal und bewarb sich an der Universität Tiflis. Schließlich war sie doch in der Schule sehr gut gewesen. Ihre Abschlüsse sprachen für sich. Doch auch aus Tiflis kam nur eine kalte Abfuhr. An einer Person mit solch „schädlicher Vergangenheit“ war man oder durfte man nicht interessiert sein. Mia musste nun erkennen, dass es für sie in ihrer Heimat offensichtlich keinen Platz mehr gab. Sie begann darüber nachzudenken, das Land zu verlassen. Ihre Schwester Anna schrieb ermutigende Briefe aus Kanada. Also begann man im Hause Reimer, intensiv über eine Auswanderung zu reden. Vieles sprach dafür: die täglichen Schikanen, die der Vater durch die neuen Führer in der Dorf- und Wolost-Administration erdulden musste, oder die unvorstellbaren Steuerforderungen, mit denen man die Familie belastete.

Im Sommer 1929 verlangte die Behörde 400 Pud Getreide von ihm. Es war völlig unmöglich, eine solche Getreidemenge von dem bisschen Land, das man der Familie überlassen hatte, zu erwirtschaften. Natürlich wussten das auch die Machthaber. Aber auf diese Art und Weise schufen sie sich einen Grund, ihrem Opfer alles Hab und Gut zu nehmen und danach die gesamte Familie nach Sibirien zu verbannen.

Jakob Reimer konnte der Forderung nicht nachkommen. Da erschienen eines Tages Mitarbeiter des örtlichen Sowjet (Dorfrat) und konfiszierten alles, was in Haus und Hof herumstand, sogar die Betten, Stühle und Tische. Zu guter Letzt beschloss der örtliche Sowjet auch noch, das neue, noch nicht ganz fertig gewordene Haus der Reimers abzubrechen, um auf diese Weise gutes Baumaterial zu gewinnen. Mias Vater versuchte sich zu wehren, doch nichts half. Das Haus wurde eines Tages vor den Augen der Familie abgerissen und das Abbruchmaterial vom Hof geschleppt. Ende 1929 wurde der Druck auf die Familie dann unerträglich. Jetzt schien auch Jakob Reimer einzusehen, dass ihre Stunde in Russland geschlagen habe. „Wir müssen fliehen“, sagte er an einem kalten Herbsttag.

Nun begannen die Vorbereitungen zur Flucht. Alles musste heimlich passieren. Man wusste nicht mehr, wem man im Dorf noch trauen konnte. Freund und Feind lagen in solchen Tagen ziemlich eng beieinander. Man packte alle vorhandenen Koffer voll und nahm vor allem alles Essbare mit. Die Reise könnte ja lang werden. Dann organisierte Mias Vater ein paar Freunde, die sie unbemerkt zur nächsten Bahnstation fuhren. Sie lösten Tickets nach Moskau. „In Moskau versuchen wir, eine Einreiseerlaubnis für Kanada zu bekommen", beschloss Jakob. Wie kein anderer kannte er Moskau und die entsprechenden Emigrationskreise. Immer wieder hatte er die Stadt im Auftrag der Kolonie aufgesucht und war aktiv in die Arbeit des All-Russländischen Mennonitischen Landwirtschaftlichen Vereins (AMLV) eingebunden, deren Erster Vorsitzender er war. In dieser Funktion hatte er jahrelang verantwortlich gezeichnet für die gesamte Entwicklung in den Kolonien und auch für die Zusammenarbeit mit der Hilfsaktion des MCC, die in Moskau in der American Mennonite Relief (AMR) ihren Ausdruck fand. Im Moskauer Mennohaus war er aus- und eingegangen, und Peter F. Fröse, die wichtigste Bezugsperson für die Mennoniten in Moskau, hatte ihn noch 1925 anlässlich der Generalkonferenz der mennonitischen Gemeinden eingeladen, nach Moskau zu ziehen, was Jakob Reimer allerdings abgelehnt hatte. Er hatte geglaubt, seiner Kolonie am besten helfen zu können, wenn er am Kuban blieb. Und er kannte all die wichtigsten Entscheidungsträger in Sachen Emigration in Moskau persönlich. Erst zwei Jahre zuvor hatte er seiner Tochter Anna geholfen, ihre Ausreisepapiere für Kanada zu erhalten. Unmissverständlich hatten seine nächsten Freunde ihm schon damals angedeutet, dass auch seine Zeit im sowjetischen Reich abgelaufen sei. Die AMLV hatte sich im Februar 1927 zu ihrem vierten und letzten Kongress in Moskau getroffen und war dann im Sommer 1928 endgültig aufgelöst worden. Aber damals war Jakob noch nicht so weit gewesen. Die tiefempfundene Verantwortung für seine Kolonie hatte ihn nicht gehen lassen. Jetzt hatten die Ereignisse auch diese letzte Schranke niedergerissen. Die Kollektivierungspolitik Stalins, die mit dem ersten Fünf-Jahres-Plan (1928–1933) umgesetzt wurde, schien nicht nur an der Vernichtung des reichen Bauerntums, der Kulaken, interessiert, sondern vielmehr an der generellen Auflösung der privaten Landwirtschaft. Und er, Jakob Reimer, war nun einer dieser Kulaken und zudem herausragender Repräsentant der privaten Landwirte. Nichts anderes als seine Vernichtung und die Vernichtung seiner Familie sah die Regierung vor. Er musste seine Familie retten, das war ihm nun klar geworden und bewegte ihn in eine neue Richtung. Irgendwie sollte es doch möglich werden, dass alle diese Kontakte auch jetzt noch fruchten würden. Jakob war optimistisch. Er hatte gehört, dass 29 mennonitische Familien noch im August 1929 dank des Einsatzes seines Freundes Peter Fröse und der Hilfe seines alten Bekannten Petr G. Smidowitsch, eines Mitglieds des Zentralkomitees der Partei, ihre Ausreisepapiere erhalten hatten und in Richtung Westen abgereist waren. Außerdem schien Kanada sich bereit erklärt zu haben, größere Gruppen von mennonitischen Flüchtlingen aufzunehmen.

Aber in Moskau wartete auf die Familie eine große Überraschung. Gleich auf dem Bahnhof trafen sie Bekannte. Tausende von Mennoniten und anderen Deutschen waren ebenso in der Hoffnung, das Land verlassen zu können, nach Moskau gekommen. Auch sie waren die vielen Schikanen ihres Glaubens und Besitzes wegen endgültig satt und hofften, nun in ein Land auswandern zu können, wo Glaubensfreiheit herrschte. Kanada war für die meisten das ersehnte Ziel.

Die Reimers fanden zunächst Aufnahme im Hause einer ihnen bekannten Familie russischer Baptisten, die in einer Moskauer Vorstadt wohnten. Auch sie hatten all ihr Hab und Gut verloren und wohnten mit 15 Personen in einem Zimmer. Die fünf Reimers kamen nun noch dazu. Die Familie nahm sie zwar auf, doch in dem kleinen Zimmer war es für so viele Personen viel zu eng, außerdem hatten die Besitzer auch Angst, die flüchtige Kulaken-Familie auf Dauer zu beherbergen. Man wusste ja nie, wann und wer einen verraten könnte. Geächtete in der Wohnung aufzunehmen, war jedenfalls gefährlich. Die Reimers mussten auf jeden Fall bald umziehen. Doch wohin? Da erfuhren sie, dass viele Deutsche in den etwa 30 km vor Moskau liegenden Datschas (russische Sommerhäuser) Unterkunft gefunden hatten. Bei der guten Bahnverbindung in die Moskauer Innenstadt spielte die Entfernung keine große Rolle, und so zogen auch sie um. Ein freundliches, älteres russisches Ehepaar nahm sie zusammen mit einer anderen deutschen Familie auf. Jetzt begann das bange Warten auf die Genehmigung zur Ausreise.

Täglich verhandelten die Männer in der Stadt mit den Behörden. Jakob war bald wieder einer der Sprecher für die Ausreisewilligen. Und es schien Hoffnung zu geben, dass man bald weiterfahren würde. Etwa 700 Flüchtlinge verließen Moskau am 30. Oktober in Richtung Leningrad, wo sie ein Schiff mit Ziel Kiel, Deutschland, bestiegen. Von hier aus sollte es weiter nach Kanada gehen. Ihre Ausreise kam durch den diplomatischen Einsatz der deutschen Regierung in Moskau zustande. Diese sah sich vor allem durch die Medien, welche die Lage der vielen deutschen Flüchtlinge in Deutschland in den schlimmsten Farben beschrieben, zu einem solchen Einsatz veranlasst. Gegen Mitte November sammelten sich etwa 13.000 deutschstämmige Flüchtlinge in Moskau, mehr als 10.000 von ihnen Mennoniten. Ihre Lage war tatsächlich kritisch. Außerdem setzten sich auch deutsche Mennoniten, allen voran Prof. Benjamin H. Unruh, für eine schnelle und unbürokratische Hilfe für die Ausreisewilligen ein. Die deutsche Regierung, die zu dieser Zeit über ausgezeichnete Beziehungen zu Moskau verfügte, entsandte den Konsul Dienstmann nach Moskau, um Verhandlungen mit der sowjetischen Regierung zu führen. Um den 1. November erklärte sich das sowjetische Außenministerium bereit, die in und um Moskau versammelten Menschen aus der Sowjetunion ausreisen zu lassen. Das waren gute Nachrichten, mit denen Mias Vater Abend für Abend zu seiner Familie zurückkam.

Die Frauen blieben unterdessen in der Datscha. Das Häuschen lag in einer herrlichen Gegend. Umgeben von Wald, bot es einen überaus friedlichen Eindruck, und die Gegend lud zur Erholung und Wanderungen ein. Aber so gerne Mia und Käthe auch die Gegend erkundet hätten, sie unterließen es aus Furcht vor einer möglichen Verhaftung. Im engen Zimmer eingesperrt, wurden die Tage des Wartens zur Qual.

Dann plötzlich erreichte sie eine schlechte Nachricht: Kanada hatte die Einreisetür für russische Mennoniten geschlossen. Die Lage auf dem kanadischen Arbeitsmarkt habe sich verschärft, argumentierte Ottawa, und man sehe sich nicht imstande, bis zum Frühling 1930 weitere Flüchtlinge ins Land zu lassen. Diese neue politische Situation versetzte nun die politischen Verhandlungspartner Deutschland und die Sowjetunion in eine überaus schwierige Lage. Deutschland verstand sich eher als Vermittler. Die wirtschaftliche Zwickmühle im eigenen Land erlaubte mit

Sicherheit keine Aufnahme größerer Flüchtlingsströme. Und die Sowjetunion sah ihren eigenen Kollektivierungsplan durch die Massenflucht von Bauern in der überaus negativen Presse weltweit in Misskredit gezogen. Das schien der Weltrevolutionsidee keineswegs zu dienen. Schnelles politisches Handeln war angesagt. Die Sowjets warnten nun ihre deutschen Verhandlungspartner, dass sie sich gezwungen sähen, die Ausreisewilligen in ihre ursprünglichen Siedlungsorte oder eben zur Verbannung in den Osten zu deportieren. Auf jeden Fall mussten die Menschenmassen weg von den Toren Moskaus. Die angespannte politische Lage in Moskau könne nicht mehr weiter geduldet werden.

Eines Nachts klopfte es auch an der Datscha, die Mias Familie bewohnte. Draußen standen Soldaten, die allen befahlen, sich reisefertig zu machen. „In einer Stunde kommt ein Lastwagen und Sie werden zum Bahnhof gefahren“, bestimmte einer von ihnen. Dann lasen sie eine Reihe von Namen vor – diese Personen wurden unverzüglich abgeführt. Als man den Namen Kornelius Jakob Reimer vorlas, schwieg Jakob. Er ahnte, dass man sich in der Schreibweise seines Namens vertan hatte. Er hieß Jakob Kornelius Reimer. Dieser Schreibfehler rettete ihm jetzt das Leben.

Die Soldaten zwängten nun alle Deutschen in großer Eile auf die herbeigefahrenen Lastwagen. Dann ging es durch die Nacht zum Kiewer Bahnhof in Moskau. Am Bahnhof herrschte großes Chaos. Es war dunkle Nacht. Die Soldaten zwangen die Menschen in die bereitstehenden Bahnwaggons vierter Klasse. Dabei wurden Familien auseinandergerissen, Mütter riefen nach ihren Kindern, Kinder weinten und irrten orientierungslos umher. „Wir müssen alle eng beieinanderbleiben“, befahl Mias Vater seiner Familie kurz. Dann begab er sich zielgerichtet zu einer noch offenen Waggontür. „Wir haben sowieso keine Wahl, also ist es zwecklos, sich zu wehren. Wir wollen es schnell hinter uns kriegen“, meinte er. Hansi und die drei Frauen folgten ihm auf dem Fuß. Sobald sie im Wagen waren, kamen Soldaten und verriegelten den Waggon von außen.

Die Wagen waren alt, ohne Heizung oder Sitzgelegenheiten. Die Menschen saßen auf ihren Sachen oder einfach auf dem kalten

Boden. Viele weinten. Einige Frauen versuchten, etwas über das mögliche Schicksal ihrer verhafteten Männer zu erfahren. Überall fragte man nach dem Ziel dieser Fahrt. Doch keiner schien Näheres zu wissen. Immer wieder hörte man herzzerreißende Schreie völlig entnervter Menschen. Die verzweifelte Lage schien einigen den Verstand zu rauben.

Dann ging es los. Wohin? Keiner wusste es. Immer wieder hielt der Zug auf größeren Bahnhöfen an. Manchmal koppelte man den Waggon mit den Deutschen ab und ließ ihn mehrere Stunden so am Bahnhof stehen. Mias Vater ging auf den Bahnhöfen zur GPU[52]-Verwaltung und erreichte auch immer wieder, dass man den Mitfahrenden einmal am Tag eine Mahlzeit gab, meist war es eine Schüssel Borscht. Er erfuhr auch, dass man die Flüchtlinge zurück in ihre Siedlungsgebiete brachte. Nach neun Tagen erreichten sie den Kuban. Die Flucht nach Kanada endete da, wo sie im Herbst begonnen hatte: in Welikoknjaschesk.

Ein zweiter Fluchtversuch

Sie waren wieder zu Hause. Aber das einmal so gemütliche Heim wirkte in seiner Leere kalt und bedrohlich. Müde ließen sie sich auf dem wenigen Mobiliar nieder. Keine Stunde später stürmte Lena Martens, eine Verwandte, ins Haus. Sie hatte gehört, dass die Reimers aus Moskau zurückgekommen waren, und war sehr darum besorgt, Jakob, Emilie und die Kinder rechtzeitig zu warnen: „Die Beamten schreiben alle Leute auf, die in Moskau gewesen sind, und bereiten den Abtransport dieser Familien in die Verbannung vor.“ Das verhieß nichts Gutes. Man musste sofort handeln.

Die Familie setzte sich zusammen. Sie beteten zum Herrn, der ihre Lage ja kannte, und dankten ihm für die rechtzeitige Warnung durch Lena Martens. Dann sprach man einige mögliche Fluchtvarianten durch. „Auf den Bahnhöfen hat man Wachen aufgestellt“, hatte Lena gesagt. Eine Reise mit großem Gepäck kam daher nicht mehr infrage. Sie mussten einige wenige Koffer packen und versuchen, unbemerkt das Dorf zu verlassen. Sie beschlossen, sich in zwei Gruppen aufzuteilen: Mia und Käthe sollten direkt aus dem Dorf einen Zug nach Armavir nehmen und dort in einen Zug nach Moskau umsteigen. Sie hatten gehört, dass einige ihrer Bekannten, die in Moskau geblieben waren, eine Einreiseerlaubnis nach Deutschland erhalten hatten. Einen Versuch war es jedenfalls wert. Was sollte die Familie auch sonst noch unternehmen? Die Eltern würden dann später mit dem kleinen Bruder nachkommen.

Dieser Plan wurde unverzüglich in die Tat umgesetzt. Mia und Käthe begaben sich mit zwei leichten Koffern zum Bahnhof. Hier wurden sie prompt angehalten.

„Wohin wollt ihr fahren?", fragte sie einer der Beamten.

„Nach Armavir", antwortete Mia. „Wir wollen unseren Onkel besuchen."

Diese Antwort stellte die Männer zufrieden, jedoch begleiteten sie die beiden Schwestern zum Schalter und sahen zu, dass diese auch wirklich einen Fahrschein nach Armavir lösten. Sie ließen die Mädchen nicht mehr aus dem Auge, bis diese tatsächlich in den Zug nach Armavir stiegen.

In Armavir erfuhren sie, dass der nächste Zug in Richtung Moskau erst eine Stunde später ging. Auch hier waren überall Wachen aufgestellt. Die Schwestern fühlten sich beobachtet. Kurzerhand beschlossen sie, den Bahnhof zunächst zu verlassen und Richtung Stadt zu gehen. Nach einer Weile, als die Beamten außer Sichtweite waren, blieben sie stehen und beteten. Dann drehten sie sich um und liefen schnellen Schrittes zum Bahnhof zurück. Der Zug nach Rostow war gerade eingefahren. Unbeobachtet bestiegen sie den Zug und verließen Armavir in Kürze.

In Rostow mussten sie wieder umsteigen. Hier sah man keine Beamten auf den Bahnsteigen. Dafür aber erblickten sie einen alten Bekannten: Abram Martens. „Wir müssen versuchen, von Herrn Martens unerkannt zu bleiben. Wer weiß, auf welcher Seite er heute steht", schlug Mia vor. Es waren ja auch schwierige Zeiten. Mia erinnerte sich noch lebhaft an ihren Ausschluss vom Institut. Ihre besten Freunde hatten für den Ausschluss gestimmt. Keiner hatte den Mut gehabt, auch nur ein Wort zu ihrer Verteidigung zu sagen. Jeder war vor Angst, es könne ihm Ähnliches zustoßen, wie gelähmt gewesen. Dieser Martens könnte also ohne Weiteres ein Spitzel sein. Doch alle Überlegungen nützten ihnen nichts – Abram Martens erkannte die beiden Reimer-Schwestern sofort, kam auf sie zu und fragte dann leise: „Geht es auch nach Moskau?" Sie bejahten. Auch er wolle dahin, sagte er, um dann irgendwie das Land zu verlassen. Martens sprach leise und blieb nur kurz bei den Mädchen stehen. Auch er schien Angst davor zu haben, erkannt zu werden.

Bald fuhr der Schnellzug nach Moskau ein. Mia und Käthe hatten bereits ihre Fahrscheine dorthin gelöst. Sie bestiegen den Zug, und die Fahrt begann. Je näher sie Moskau kamen, desto größer wurde die Unruhe der beiden. Ihr scheinbar unlösbares Problem war die Tatsache, dass Käthe über keinerlei Ausweispapiere verfügte. Mia hatte eine Krankenschwester-Bescheinigung, die zur Not als Ausweis akzeptiert werden konnte. Aber Käthe ... Bald hörte man auch schon die Stimmen der Polizisten, die die Dokumente der Reisenden überprüften. Man musste schnell handeln. „Dreh dich zur Wand, stell dich schlafend und bete. Gott wird uns schon schützen", befahl Mia. Käthe gehorchte. Da öffnete sich auch schon die Tür, und ein eher freundlicher Polizist betrat das Abteil. Hinter ihm stand ein zweiter. Beide waren bewaffnet. Mia zeigte dem Beamten ihren Ausweis. Dieser war anscheinend damit zufrieden. Ihr völlig übermüdetes Aussehen schienen sie auch auf die zusammengekauerte Käthe zu übertragen. „Armes Mädchen", sagte der freundliche Beamte, „sie ist völlig übermüdet. Lasst sie ruhig schlafen. Wir kommen später wieder und überprüfen ihre Papiere." Dann verließen sie das Abteil. Käthe blieb noch eine Weile liegen. Dann fuhr der Zug auch schon in Moskau ein. Sie hatten es geschafft! „Gott hat unser Gebet erhört", machten sich die Schwestern die eben geschehene Erfahrung deutlich. Sie hatten eine Adresse in Moskau. Hier sollten sie auf die Ankunft ihrer Eltern und ihres Bruders Hansi warten.

Einige Tage voller Spannung und innerer Unruhe folgten. Dann standen die Eltern auf einmal vor der Tür. Auch sie hatten die abenteuerliche Flucht aus dem Heimatdorf geschafft. Bei Nacht und Nebel war es dem Vater gelungen, ein Fuhrwerk anzumieten und damit zu einem entfernten Bahnhof zu fahren.

Hier hatten sie den Zug bestiegen und waren so unerkannt nach Moskau gelangt.

In Moskau wurden sie zwar von einem freundlichen Vertreter des Mennonitischen Zentral-Komitees mit ihren Pässen erwartet, doch gab es keine Ausreiseerlaubnis mehr. Auch Deutschland nahm keine Ausreisewilligen mehr auf. Sie erfuhren, dass mehr als 8000 Mennoniten aus der Stadt gebracht worden waren. Am 25. November hatte sich Deutschland plötzlich bereit erklärt, die Flüchtlinge doch noch aufzunehmen, wenigstens vorübergehend. Und die Sowjets hatten eingewilligt. So wurde allen sich noch in der Stadt befindenden 5500 Deutschen die Ausreiseerlaubnis nach Deutschland erteilt. Nun kamen die Reimers zu spät. Alles Ersuchen nützte nichts. Maria erinnert sich an die Tage in Moskau: „Unsere Lage war jetzt sehr schlimm. Wo könnten wir Obdach finden? Die Bewohner fürchteten sich, geächtete Leute bei sich aufzunehmen. Auch die Frage der Ernährung wurde akut. Das Brot war jetzt schon dreimal so teuer wie damals, als wir zum ersten Mal nach Moskau kamen, und Vaters Geld ging zur Neige."

Man musste sofort etwas unternehmen. Die Hoffnung, Russland in Richtung Ausland zu verlassen, war endgültig dahin. In Moskau konnte die Familie nicht bleiben. Man würde die Eltern sofort verhaften, sollten sie irgendwo nach Arbeit suchen. Sie mussten im Landesinneren untertauchen. Aber wo? In der Heimat wäre ihnen bestenfalls doch nur der nächste Zug nach Sibirien sicher. Wieder sammelte Jakob Reimer seine Familie im Nachdenken und im Gebet um sich. Dann hatten sie eines Tages die Gewissheit: Die Eltern würden mit Hansi auf die Krim zu den Verwandten der Mutter reisen, und Mia und Käthe sollten sich weiter in Moskau durchschlagen. Ausdrücklich riet Vater Reimer seinen Töchtern, sich im Falle äußerster Gefahr ruhig von ihm loszusagen. Sie würden es ja nicht wirklich tun, sondern nur für die Öffentlichkeit. Käthe erklärte sich schließlich auch bereit, zu diesem letzten Überlebensmittel zu greifen, wenn es denn nicht anders ginge. Mia dagegen versprach ihrem Vater nichts. Sie schwieg, wie sie es in solchen Fällen immer tat. Aber in ihrem Herzen wusste sie, dass sie sich niemals von ihrem Vater lossagen könnte. Da würde sie eher sterben. Mit ernster Miene blickte sie in das müde und leidende Gesicht ihres geliebten Vaters. Ihre Augen verrieten sie. Er wusste, sie würde das nicht tun. Und so schwieg er. Gott sollte seine Tochter bewahren.

Als Kindermädchen in der Hauptstadt

Die Schwestern verabschiedeten den Rest ihrer Familie am Kiewer Bahnhof. Ein bedrückendes Gefühl beschlich Mia. Würde sie ihre alt gewordenen Eltern je wiedersehen? Lange lag sie in den einst so starken Armen ihres Vaters. Dann galt es, sich zu verabschieden.

Allein in Moskau, suchten die Mädchen sofort nach Arbeit und Unterkunft. Jetzt waren sie auf sich selbst gestellt. Mia war schon 21 und ihre Schwester 18 Jahre alt. Sie waren erwachsen, und es gab zwar niemand mehr, der sich um die beiden kümmern würde. Aber Gott war da, und in seine mächtigen Hände legten die Schwestern ihr Schicksal. Mia versuchte es noch ein letztes Mal an der Moskauer Universität, musste aber bald erkennen, dass für sie ein Studium im neuen Arbeiter- und Bauernstaat nicht mehr infrage kam. Schroff wies man sie ab. Sie musste sich irgendwie anders helfen. Deshalb gab sie eine Anzeige in der Moskauer Zeitung auf, in der sie ihre Dienste als Gouvernante und private Deutschlehrerin anbot. In der Stadt von Welt gab es viele bessergestellte Familien, die sich solche Bedienstete leisteten. Besonders Fremdsprachenkenntnisse wurden sehr geschätzt. Sogar die neuen Machthaber legten besonderen Wert auf die Erziehung ihrer Kinder. Und so war es nicht schwer, eine Stelle zu finden.

Etwa ein Dutzend Anfragen erreichten Mia auf ihre Anzeige hin. Sie entschied sich für drei Kinder. Eins davon war die Tochter deutscher Kommunisten, Lillian Schembecker. Ihre Eltern waren im Komintern beschäftigt und wohnten in einem für Ausländer reservierten Hotel. Lillian sollte Deutsch und Russisch in Schrift und Wort lernen. Die beiden anderen waren Kinder prominenter Kommunisten. Diese sollten Deutsch als Fremdsprache lernen. Am Vormittag übte Mia nun mit der kleinen Lillian, und am Nachmittag nahm sie oft die drei Kinder zusammen und ging mit ihnen im Park spazieren oder spielen. Sie sprach entsprechend Deutsch und Russisch mit ihnen. Es waren liebe Kinder, fand sie, und Mia kam gut mit ihrer Aufgabe zurecht. Nur selten geriet sie in Verlegenheit. Unter Strafe hatten die Eltern der zwei russischen Kinder es Mia verboten, Märchen zu erzählen. „Unsere Kinder sollen als Realisten aufwachsen. In ihrer Welt gibt es keinen Platz für Märchen oder Gott", wiesen sie die Gouvernante an. Lillian dagegen wuchs, wie viele deutsche Kinder, mit den bekannten Märchen und Fabeln auf. Eines Tages sah sie, wie eine alte Frau Linsen reinigte. „Fräulein, sieh da, das Aschenbrödel." Sofort wollten die beiden russischen Kinder wissen, was ein Aschenbrödel sei. Wie sollte sie ihnen das aber erklären, ohne Gefahr zu laufen, ihnen ein Märchen erzählt zu haben? Nur mit Mühe gelang es ihr, die Kinder davon abzulenken ...

Auch mit den Eltern der Kinder kam Mia gut zurecht. Sie waren mit ihrem Dienst sehr zufrieden, obwohl sie wussten, dass Mia an Gott glaubte und als Tochter eines Kulaken keine bürgerlichen Rechte mehr besaß. Aber das schien sie nicht zu stören. Mia kam es gar so vor, als wäre dieser Umstand ihnen sogar willkommen, weil sie es andererseits nicht begrüßten, dass ihre Kinder mit den anderen sowjetischen Kindern zusammen erzogen wurden. Am meisten wunderte sie sich über die Mutter. Sie war eine prominente kommunistische Aktivistin im Bereich der Erziehung. In großen Versammlungen belehrte sie die Mütter, dass sie ihre Kinder doch im Kollektiv und unbedingt von ideologisch sauberem Lehrpersonal erziehen lassen sollten. Selbst aber tat sie genau das Gegenteil. „Wie soll ein System überleben können, wenn die Träger des Systems sich ihrer eigenen Sache nicht sicher sind?", sinnierte Mia oft.

Käthe hatte eine Anstellung bei reichen Leuten gefunden. Sie genoss dort ein schönes Zimmer, genügend gutes Essen und lebte in geregelten Verhältnissen. Mia musste sich dagegen bei einer alten Frau einquartieren. In der Einzimmerwohnung lebten die alte Frau mit ihrer Tochter, dazu Mia und in einer Ecke, die mit ein paar Decken vom Rest des Zimmers etwas abgeschirmt war, ein verheirateter Ingenieur, der aus der Provinz kam und in Moskau die Universität besuchte. Mia schlief auf einer großen Kiste. Es gab weder einen Schrank noch eine Abstellecke für sie. Ihr privater Raum beschränkte sich auf besagte Kiste. Darauf schlief sie und dahinein legte sie ihre wenigen Habseligkeiten. Natürlich konnte sie sich in solchen Verhältnissen auch nicht zurückziehen. Morgens früh fragte der Mann meist, wer zuerst aufstehen wollte. Wer immer das nun war – der andere schloss so lange die Augen und wartete, bis sich der Erste fertig gemacht und das Zimmer verlassen hatte. Dann kam der Nächste dran. Es war mühsam und für Mia völlig ungewöhnlich. Das kleine Zimmer hatte auch keinerlei Badegelegenheit. Mia ging daher in die öffentliche Badeanstalt. Hier konnte man sich ein Stück Seife und ein Handtuch ausleihen. Gegen einen geringen Aufpreis bot man den Badenden eine Massage an. Anfangs benutzte Mia ein paarmal das Badezimmer in Käthes Wohnung, bis eine Hausangestellte dies deren Arbeitgebern meldete. Um die Arbeitsstelle der Schwester nicht zu gefährden, unterließ Mia das schnell.

Am schwierigsten erwies sich die Erledigung der Wäsche. Auch hier probierte Käthe immer wieder, ein paar schmutzige Wäschestücke von Mia in ihren eigenen Wäschekorb zu legen. Diese wurde dann von zwei Wäschefrauen gewaschen. Aber mehr Wäsche fiel auf, und so hörten die Schwestern bald damit auf.

Auch mit Mias täglicher Verpflegung war es eher kümmerlich bestellt. Als Stimmlose erhielt sie keine Brotkarte. Ihr Verdienst reichte nicht für ihre Verpflegung aus. Ein Glück, dass Käthe von ausländischen Bekannten eine Brotkarte geschenkt bekam, die sie dann ihrer Schwester weitergab. Auch schenkten ihr die Schembeckers ab und zu eine Apfelsine oder eine Schokolade, die dann das Mittagessen ausmachten. Zum Abend ging Mia gewöhnlich zu einem der Moskauer Bahnhöfe und kaufte sich eine Suppe. Oft schwammen in der Suppe Kartoffelschalen oder Fischköpfe. Doch was sollte sie tun? Geld für eine bessere Mahlzeit hatte sie nicht. Das Frühstück war ihre beste Mahlzeit. Dank der von Käthe erhaltenen Brotkarte konnte sie zur Bäckerei gehen und sich ein Pfund Brot kaufen. Meist war das Brot noch warm, und es schmeckte vorzüglich. So begann jeder Tag mit dem Gefühl tiefster Dankbarkeit, dass der himmlische Vater für sie gesorgt hatte, und der Überzeugung, er würde sie auch in Zukunft nicht fallen lassen, was immer auch kam.

Der tägliche Kampf ums Überleben ließ die beiden Schwestern nicht verbittern. Bald entdeckten sie eine Menge weiterer deutscher Mädchen, die, ähnlich wie sie selbst, auf der Suche nach Überlebenschancen nach Moskau gekommen waren. Man sprach darüber, dass sich etwa 2000 deutsche Mädchen in Moskau über Wasser hielten. Auch alte Bekannte waren darunter. Mia und Käthe gingen oft zum Kiewer oder Kasaner Bahnhof, wo die meisten dieser Mädchen ankamen. So traf Mia eines Tages ihre Halbstädter Mitstudenten Susie Penner und Anna Klassen. Anna verließ voller Angst den Zug in Moskau und lief dann buchstäblich in die Arme ihrer Freundin Mia Reimer. Es war offensichtlich, dass Gott hier seine Hand im Spiel hatte. Man hatte sie nur ein halbes Jahr länger am Medizinischen Institut in Halbstadt studieren lassen, ähnlich wie Susie Penner, und im Herbst 1929 von der Schule gewiesen, die eine als Prediger- und die andere als Kulakentochter. Jetzt fanden sie sich in Moskau wieder. Mia verhalf Anna Klassen auch bald zu einer sehr guten Arbeit. Sie bekam eine Anstellung im Haus des finnischen Botschafters in Moskau, bei Familie Jervinen.

Jetzt waren es vier alte Freundinnen, die nach Möglichkeit ihre freien Stunden gemeinsam zu verbringen suchten. Und weil die Abende in der Regel frei waren, füllten sie diese mit gemeinsamen Aktivitäten.

Das Moskau der späten Zwanziger- und frühen Dreißigerjahre war eine laute und wachsende Stadt. Überall wurde gebaut. Die Regierung setzte alles daran, die Hauptstadt zum Mittelpunkt allen Geschehens im großen Sowjetreich zu machen. Prestigeobjekte mussten es sein. Stalin wollte der Welt unbedingt die Überlegenheit der sowjetischen Ideologie beweisen, und wo sonst als in Moskau sollte diese Überlegenheit zuerst sichtbar werden. Dem Beispiel amerikanischer Großstädte folgend, wurden imposante Hochhäuser sowie die berühmte Moskauer Metro gebaut. Hunderttausende von Gefangenen wurden auf diesen Baustellen oft unter menschenunwürdigen Umständen beschäftigt. Viele hielten die Sklavenarbeit nicht aus und starben. Täglich standen diese stumm dreinblickenden Gestalten auf den Straßen vor Mia und ihren Freundinnen, wenn sie durch die Stadt gingen.

Aber der wirtschaftliche Aufbruch schuf auch eine gewisse Lebenslust. Ein neuer Menschentyp wurde kultiviert. Plakative Lebensfreude, ungebremster Optimismus, helle Zukunftserwartung wurde umgesetzt in Arbeit, Feiern und Freizeitgestaltung. Vieles davon konnte man ganz besonders in den großen Parkanlagen der Stadt sehen und erleben.

Die mennonitischen Freundinnen entwickelten wenig Interesse für diese Art sowjetischer Ausgelassenheit. Stattdessen suchten sie das klassische Moskau zu erkunden. Und davon bot die Stadt immer noch sehr viel.

Am Donnerstagabend besuchten sie die Proben des Symphonischen Orchesters. Für nur 25 Kopeken pro Person ließ man die Mädchen zuhören. Oder sie besuchten berühmte Moskauer Museen, allen voran die Tretjakow-Galerie. Als Anna zum ersten Mal mit ihren Freundinnen die Ausstellungssäle dieses Hauses betrat, war sie von tiefen Gefühlen überwältigt. Vor allem die Bilder des berühmten russischen Malers I. E. Repin (1844–1930) hatten es ihr angetan. Zum anderen besuchten sie Kirchen. Obwohl die meisten von den Sowjets geschlossen wurden, waren auch einige in Museen umgewandelt worden. Die größte Kirche Moskaus aber, die Erlöserkathedrale, war immer noch für Gottesdienste geöffnet. Das Gebäude bot mehr als 20000 Menschen Platz und war einmal das Zentrum des Orthodoxen Glaubens in Russland gewesen. Die Mädchen kamen gerne hierher, setzten sich still in eine Bank und blieben lange sitzen. Irgendwie tat es gut, diese Stätte der Anbetung so ruhig zu erleben. Niemand hinderte sie daran, und sie brauchten auch keine Angst zu haben, dass man sie deswegen verdächtigte. Zu viele Touristen besuchten diese Kirche.

Einige Male gelang es den Mädchen, Eintrittskarten für eine Vorstellung im Bolschoj-Theater durch die Vermittlung ihrer ausländischen Arbeitgeber und Freunde zu erhalten. Das Erlebnis blieb ihnen unvergesslich.

An den Samstagabenden und Sonntagvormittagen besuchten sie zusammen die Gottesdienste der russischen Baptistengemeinde. Als eine der wenigen christlichen Gemeinden der Stadt unterhielten die Baptisten immer noch ein Gemeindehaus. Die Gottesdienste der Gemeinde waren gut besucht, man sah auch viele junge Leute. Aber die Menschen schienen sich nur im Gottesdienst zu treffen. Private Zusammenkünfte waren zu gefährlich. Und so entstand auch keine tiefere Beziehung zwischen den Mädchen und der russischen Gemeinde. Jedoch stärkten die Gottesdienste und Gebetsstunden ihren Glauben, und deshalb ließen die Mädchen auch nicht davon ab, die Gemeinde zu besuchen. Dabei war es für sie nicht ungefährlich. Die Kirchenveranstaltungen wurden von Staatsspitzeln besucht, die den Auftrag hatten, vor allem junge Leute zu identifizieren und vom Kirchenbesuch fernzuhalten, Stimmlose wie Mia konnten daher jederzeit verhaftet und aus Moskau ausgewiesen werden. Aber Gott hielt seine schützende Hand über sie.

An den Moskauer Bahnhöfen

Im Winter 1929/1930 gingen die Freundinnen oft zu einem der elf Moskauer Bahnhöfe, um nach möglichen Bekannten Ausschau zu halten. Auf den Bahnhöfen sah man unbeschreibliches Elend. Menschen aus dem ganzen Land trafen hier ein, oft auf dem Weg zum Ort ihrer Verbannung. Manche waren auf der Flucht. Wieder andere versuchten, in Moskau oder in einer der anderen großen Städte des Landes unterzutauchen. Ausgehungert und abgemagert glichen viele von ihnen wandelnden Schatten. Ihre Gesichter waren vor Leid stumm und grau geworden. Es war schwer, so viel Elend anzusehen. Und überall sah man auch Horden umherziehender Straßenkinder. Ihre Eltern waren meist erschossen worden oder vor Hunger gestorben. Auf sich allein gestellt, suchten sie sich nun irgendwie durchs Leben zu schlagen. Man sah sie überall in der Stadt, doch hier am Bahnhof fielen sie am meisten auf. Viele von ihnen waren in Banden organisiert, sodass man praktisch ständig auf der Hut sein musste, um nicht plötzlich ohne alle seine Habe dazustehen.

Immer wieder trafen die Mädchen einen Bekannten aus der Heimat. So erfuhren sie eines Tages von der Verbannung der Eltern und Geschwister von Anna Klassen in den hohen Norden. Annas Vater war Prediger. Die Situation der Familie muss wohl schrecklich gewesen sein. Anna trug schwer am Schicksal ihrer Familie, und die Freundinnen versuchten ihr Bestes, sie zu trösten. Ihnen allen war bewusst, wie schnell das gleiche Schicksal auch ihre eigene sowie die anderen Familien treffen konnte. Ja, sie selbst standen tagtäglich in der Gefahr, als deren Töchter entdeckt und verbannt zu werden.

Solche Schicksale waren an der Tagesordnung. Immer wieder hörten die Mädchen derartige Berichte von den Vorbeireisenden. Die Erzählungen wurden sogar schlimmer und grausamer. Auch in Moskau gab es Verhaftungen und Verbannungen. Sonntag für Sonntag konnten die Mädchen es in der Baptistengemeinde hören. Niemand schien den Mühlen des Systems zu entgehen. Ob Frauen oder Kinder – die Helfershelfer Stalins kannten keine Gnade. Wer einmal zum Feind erklärt wurde, war früher oder später dran. Das spürten auch Mia und Käthe immer deutlicher. Ihre Lage war hoffnungslos. Der Tag ihrer Verhaftung und Verbannung schien unausweichlich näher zu rücken. Zwar konnten sie sich zunächst in Moskau relativ gut durchschlagen. Es blieb sogar etwas Geld übrig, sodass die beiden Schwestern regelmäßig ein wenig von ihrem Verdienst den Eltern schickten. Nur, wie lange würde man sie in Ruhe lassen?

Anna versuchte nur ein einziges Mal, ihren armen Eltern ein Paket zu schicken. Sie erzählte dem freundlichen Botschafterehepaar die Geschichte ihrer Eltern und bat um die Erlaubnis, ihnen ein Lebensmittelpaket zukommen zu lassen. Als sie damit aber zur Post kam und der Postbeamte die Anschrift auf dem Paket las, sah er Anna grimmig an und brüllte sie regelrecht an: „Wer bist du denn, dass du die vom Staat verdammten Bourgeoisie-Idioten unterstützt?“ Da erschrak sie sehr, nahm ihr Paket und rannte aus dem Postgebäude. Sehr bald hörten die Mädchen, dass die GPU in Moskau nach Anna fahndete. Nur die relativ sichere Bleibe an der finnischen Botschaft hatte sie bis jetzt anscheinend vor der Verhaftung verschont. Es war klar, dass sie so bald wie möglich aus der Hauptstadt verschwinden musste.

In Moskau sprach man viel von Menschen, die versuchten,

illegal über die Grenze zu fliehen. Mia erfuhr eines Tages, dass ihre beiden Vettern Kormann nach Deutschland geflohen waren. Einer der beiden war aber von den Strapazen der Flucht dermaßen geschwächt, dass er, in Deutschland angekommen, bald vor Erschöpfung starb. Auch die guten alten Freunde aus der Halbstädter Zeit, Peter Braun, Ernst Ediger und Richert flohen aus dem Sowjetreich. In Persien wurden sie aber verhaftet und erkrankten dort bald im Gefängnis an Typhus. Ein deutscher lutherischer Pastor fand sie dort, und mit seiner Hilfe kamen sie wieder frei und zogen weiter nach Deutschland. Die Geschichten von den gelungenen Fluchtversuchen nährten die Fantasie der Mädchen in Moskau. Auch sie mussten irgendwie dieses Land verlassen. Die einzige Rettung schien außerhalb dieses feindlichen Reiches zu liegen. Doch sollten sie wirklich fliehen? Wer würde ihnen helfen? Und würden sie es je schaffen? Es gab ja auch viele Berichte von misslungenen Fluchtversuchen, die dann im Gefängnis oder gar mit dem Tod endeten. Immer wieder unterhielten sich die Freundinnen darüber auf ihren langen Spaziergängen durch die Stadt. Und oft sprachen sie darüber mit Gott. Von ihm erwarteten sie die letzte Gewissheit.

Kapitel 4

Die Flucht über den Amur

Die Lage in Moskau wurde für die vier Freundinnen zweifellos immer bedrohlicher. Eines Tages, das war ihnen klar, würde man sie verhaften und in die Verbannung schicken. Die Zeit arbeitete gegen sie. Aber wohin sollten sie gehen? Ihre Herkunft machte praktisch jede Ecke des sowjetischen Reiches zu einem Ort möglicher Verhaftung. Sollten sie es ihren Eltern nachmachen und von Ort zu Ort ziehen, fragte sich Mia. Ihre Eltern waren seit geraumer Zeit auf diese Weise auf der Flucht vor den Behörden, die im ganzen Land nach Jakob Reimer fahndeten. Sein Bemühen um die Ausreise der Mennoniten aus Russland war der GPU aufgefallen, und jetzt wurde er als „Feind des Volkes" gesucht. Was ihm nach einer Verhaftung drohte, war leicht auszurechnen. Er würde bestimmt nicht mehr lange leben. Jetzt zogen die Eltern von einem Verwandten zum anderen. Nirgendwo blieben sie lange, um nicht aufzufallen. Es war ein mühevolles Dasein. In seinen Briefen äußerte der Vater, dass er oft nahe daran sei, sich freiwillig den Behörden zu stellen. Gewissheit wäre möglicherweise doch besser als das ständige Ausweichen. Doch am Ende blieb er dabei, mit Frau und Kind unauffällig hierhin und dahin zu ziehen. Nein, ein solches Leben konnten sich die Mädchen nicht vorstellen und beschlossen deswegen, für immer aus dem Land zu fliehen. Sorgfältig wogen sie die verschiedenen Fluchtvarianten ab. Oft besuchten sie eine öffentliche Bibliothek und sahen sich lange die Karte mit den Grenzregionen des Landes an. Schließlich hatten sie Gewissheit: Sie wollten über den Amur nach China fliehen und von China aus dann weiter auf dem Seeweg nach Kanada gelangen. Das Amurgebiet im Fernen Osten gehörte seit 1858 vertraglich zu Russland, jedoch blieb diese Grenzregion zu China lange Zeit unbesiedelt. Bereits 1860 besichtigten Mennoniten diese Gegend mit dem Ziel, hier vielleicht anzusiedeln. Doch es war dann doch nicht dazu gekommen, wohl vor allem wegen der weiten Entfernung von der Mutterkolonie.

Die Wirren der Revolution und des Bürgerkrieges und vor allem die misslungene Ausreise nach Kanada weckte bei den Mennoniten erneut die Erinnerung an dieses entfernte Gebiet. Manch einem kam der Amur nun wie ein Bergungsort in der Zeit der Not vor. Auch die örtliche sowjetische Regierung schien an der Besiedlung der Region Interesse zu zeigen und stellte gewisse Begünstigungen in Aussicht. Jeder Familie wurden beispielsweise 400 Rubel Startkapital gewährt, dazu erhielten die Umsiedler auch billige Bahntarife, um ihr Hab und Gut in den fernen Osten zu transportieren. Das Land stellte den Siedlern die fernöstliche Republik quasi unentgeltlich zur Verfügung.

So kam es im Jahre 1926 zu der ersten Erkundigungsreise sibirischer Mennoniten aus Slawgorod nach Blagoweschensk, der Hauptstadt des Gebiets am Amur. Ein Jahr später brach schon die erste Gruppe in den fernen Osten auf, um etwa 80 km von Blagoweschensk entfernt die Usman-Siedlung zu gründen. Sie lag an dem Flüsschen Topkoschna und bestand aus fünf Dörfern. Etwa 600 Mennoniten siedelten hier an. Bald entstanden zwei weitere Siedlungen: Schumanowka mit acht Dörfern und einer Bevölkerung von 867 Menschen sowie Sawitaja mit fünf Dörfern und einer Einwohnerzahl von 520 Menschen. Eine weitere Ansiedlung namens Newsorowka war für 1928 geplant, wo noch vier Dörfer entstehen sollten. Die meisten Siedler kamen aus der Slawgoroder Kolonie, aber es gab auch Familien aus Südrussland, die ihre Heimat aus politischen Gründen verlassen mussten.

Der fruchtbare Boden warf gute Ernten ab. Bald schon erfreuten sich die Neuankömmlinge eines relativen Wohlstands. Innerhalb eines Jahres konnte man schöne, stattliche Häuser, aus Holz erbaut, sehen, die zum Teil schon fertig waren, zum Teil der Vollendung entgegengingen. Die Siedler waren frohgemut, und es hatte den Anschein, als sei die ersehnte Ruhe gefunden und als ginge die neue Siedlung einer glücklichen, gedeihlichen Zukunft entgegen.

Aber dann begann im Jahre 1929 auch im Amurgebiet der Kollektivierungsprozess. Die einmal gemachten Versprechungen der sowjetischen Regierung, die Siedler würden drei Jahre lang keine Steuer zahlen brauchen, wurden zurückgenommen. Vertreibung, Verhaftungen und Entkulakisierung standen nun auf der Tagesordnung. Eine unbeschreibliche Verzweiflung breitete sich unter den Siedlern aus. Immer mehr Menschen entschlossen sich zur Flucht aus dem Land.

Der Amur bildet bis zur Mündung des Ussuri eine breite Grenze zu China hin. Man konnte die Ausläufer des Kleinen Schingan – von den Einheimischen liebevoll „Komni-Gebirge“ genannt, einer vom Großen Schingan-Bergmassiv abzweigenden und parallel zum Amur verlaufenden Bergkette – bei gutem Wetter mit bloßem Augen sehen. Die Siedler nannten dieses mandschurische Bergmassiv „Blaue Berge“, vor allem ihrer Schönheit wegen. Irgendwo dort am Sungari, einem Nebenfluss des Amur, lag Harbin, eine Stadt, in der viele Russen und auch Deutsche lebten und die für die Mennoniten zu einem Tor in die freie Welt wurde.

Mia und ihre Freundinnen hörten, dass ganze Dörfer in den kalten Wintermonaten gemeinsam über den vereisten Amur nach China gegangen waren. So flohen allein aus dem Dorf Schumanowka eines Nachts 217 Personen und aus Pribreschnoje 87 Menschen. In Windeseile breitete sich die Nachricht über diese gelungene Flucht in Russland aus. Vor allem die Klugheit des Ortsvorstehers von Schumanowka, Jakob Siemens, wurde gelobt. Anfang 1929 hatten die Behörden die Bewohner von Schumanowka und der Nachbardörfer Friedensfeld, Kleefeld und New York gezwungen, eine Kollektivwirtschaft unter der Bezeichnung „Gigant“ zu gründen. Siemens wurde zum Vorsitzenden dieser Kooperative gewählt. Die Ernte fiel in diesem Jahr über Erwarten hoch aus. Die Kooperative konnte ohne Mühe alle Staatsabgaben abliefern und behielt noch reichlich für sich.

Siemens, der sich schon lange mit dem Fluchtplan herumtrug, wandte sich nun an die Behörden mit dem Vorschlag, eine Mühle zu bauen und bat darum, der Kooperative zu erlauben, Pferd und Schlitten zu erwerben, damit seine Bauern im Winter nicht ohne Arbeit blieben. Um seinen Patriotismus deutlich zu machen schlug er außerdem vor, dem Kollektiv die Erlaubnis zu geben, entsprechende Holzarbeiten in der Nähe der Stadt Chabarowsk auszuführen, 800 km von Schumanowka entfernt. Das schien auf alles andere als auf Fluchtvorbereitungen hinzudeuten. Sein Plan gefiel den Behörden gut und sie gaben ihre Genehmigung dazu. Damit begannen die Vorbereitungen zur Flucht.

Nur wenige Bewohner wurden direkt informiert. Auf der anderen Seite des Amur bereiteten Abgesandte von Schumanowka die Ankunft des Dorfes vor. Natürlich mussten sie dafür erst selbst über den Amur fliehen. Und dann, in der dunklen Nacht des 16. Dezember 1929, fuhr das gesamte Dorf auf den gekauften Schlitten über den festgefrorenen Fluss nach China. Sogar zwei GPU-Agenten im Dorf beschlossen, auch mitzufliehen. Die Einwohner von Schumanowka ließen fast alles zurück. Mit leeren Händen, um die Schlitten nicht zu überladen, überquerten sie den mächtigen Fluss und gelangten in die Freiheit. Andere folgten ihnen später in kleinen und größeren Gruppen.

„Sollten nicht auch wir es diesen Leuten gleichtun?“, ermutigten sich die Mädchen in Moskau. Anna hatte Verwandte am Amur, das erleichterte die Sache sogar. Und die beiden Schwestern, Mia und Käthe, hatten ja die grundsätzliche Erlaubnis der Eltern, die erstbeste Gelegenheit zur Flucht aus dem Land des Terrors zu ergreifen. So begannen die Freundinnen konkret an ihrem Fluchtplan zu arbeiten. Sie beschlossen, sobald sie genug Geld für die Bahnreise in den Fernen Osten zusammenhätten, in die mennonitischen Dörfer am Amur zu reisen, um dann vor Ort nach einer Fluchtmöglichkeit Ausschau zu halten.

Jetzt fehlte nur noch das nötige Geld und vielleicht noch ein kurzes Abschiedstreffen mit den Eltern. Beides schien völlig unmöglich. Aber die Mädchen wandten sich vertrauensvoll an Gott, und das Wunder geschah. In wenigen Wochen erhielten sie das eine wie das andere.

Die GPU zahlt die Reise

Auf der Suche nach Geld für die Reise erinnerten sich Mia und Käthe daran, dass ihr Vater damals im Jahre 1929, als sie die Ausreise nach Kanada beantragt hatten, für jedes Mitglied der Familie 300 Rubel bei der GPU hatte einzahlen müssen. Jetzt, so erfuhren die Mädchen, würde man allen, denen die Ausreise verweigert worden war, das Geld zurückzahlen. Sie mussten nur zu der berüchtigten GPU-Zentrale in Moskau gehen und die Rückzahlung beantragen. Das klang denkbar einfach, war aber in Wirklichkeit lebensgefährlich. Würde die Geheimpolizei sie nicht auf der Stelle verhaften? Immerhin hatten sie keine Aufenthaltsgenehmigung für Moskau, und richtige Ausweispapiere besaßen sie auch nicht – ganz zu schweigen von ihrem bürgerlichen Status. Dazu waren ihre Eltern auf der Flucht. Lange wurde nun hin und her überlegt und gebetet. Scheinbar gab es aber keine andere Lösung. Sie mussten es wagen. So überließen Mia und Käthe eines Tages die ganze Angelegenheit dem Herrn, nahmen allen Mut zusammen und machten sich auf den Weg zur GPU-Zentrale.

Das große GPU-Gebäude befand sich auf dem berühmt-berüchtigten Lubjanka-Platz. An der imposanten Tür stand eine Wache. Die beiden Schwestern hatten sich vorgenommen, ohne zu fragen das Gebäude zu betreten. Sie hatten längst gemerkt, dass sowjetische Beamte fast nie solche Leute anhielten, die selbstsicher und wie selbstverständlich Räume betraten. Nicht nur einmal hatte Mia erstaunt diese Entdeckung vor dem Ausländerblock in Moskau gemacht. Auch hier waren Wachen postiert gewesen. Doch weil die Mädchen deutsch oder plattdeutsch miteinander gesprochen und wie selbstverständlich den Hof betreten hatten, waren sie so gut wie nie nach ihren Ausweisen gefragt worden. Vielleicht würde diese Täuschung auch vor dem GPU-Gebäude funktionieren! Ja, die Wache ließ sich tatsächlich auch hier täuschen. Ohne Mühe gelangten sie in die große Vorhalle des Gebäudes. Diese war wunderschön dekoriert. Der Fußboden war mit Teppichen belegt, an den Wänden hingen große Spiegel. Der Prunk dieser Einrichtung versetzte die beiden Schwestern im ersten Augenblick ins Staunen. Sie blieben am Eingang stehen und sahen sich unwillkürlich die Halle näher an. Ihre Blicke schienen zu verraten, dass sie doch nicht hierhergehörten. Sofort kam ein Offizier auf sie zu und fragte, was sie hier zu suchen hätten und wie sie überhaupt in das Gebäude hineingelangt seien. „Sie müssen dieses Haus auf der Stelle verlassen!“, befahl er ihnen. Er flößte den Mädchen große Angst ein. Trotzdem äußerte Mia dann doch noch ihr Anliegen. Der Mann wies sie an, ein Fenster auf der Rückseite des Hauses aufzusuchen, dort würde man ihnen weiterhelfen.

Schnell verließen Mia und Käthe das Gebäude. Wenige Minuten später standen sie vor besagtem Fenster. Und das Wunder geschah: Der Beamte verlangte nicht nach ihren Ausweisen, sondern nur nach dem Namen des Einzahlers. Dann suchte er in seiner Liste. Tatsächlich, Jakob Reimer hatte das Geld eingezahlt. Ohne weitere Fragen zu stellen, zahlte er gleich den beiden Schwestern je 300 Rubel aus.

Sie konnten es lange nicht fassen. Gott hatte ihre Gebete erhört! Sie hatten nun genug Geld für die bevorstehende Flucht. Die Reise konnte beginnen. Mit Bedacht kauften sie ihre Tickets für den 1. Mai, den großen sowjetischen Feiertag. An einem solchen Tag war am wenigsten damit zu rechnen, dass die GPU die Abreisenden auf dem Bahnhof streng kontrollieren würde. Der Zug lief gegen Mitternacht aus, und da würden die meisten sowjetischen Männer vor lauter Feiern und Alkoholkonsum längst nicht mehr ansprechbar sein.

Mutters Traum

Jetzt begannen die Freundinnen die weiteren Vorbereitungen zur Abreise. Alles musste genau geplant werden. Unvorsichtiges Vorgehen könnte sofort mit ihrer Verhaftung enden. Alle Pläne wurden in öffentlichen Parks besprochen, um ja keine Ohrenzeugen in der Nähe zu haben.

Alles schien gut zu laufen, bis Käthe eines Tages den anderen mitteilte, dass sie nicht mitfahren würde. Sie wolle doch noch in Moskau bleiben. Ganz bestimmt würde sie eine Arbeit finden und könnte dann die Eltern weiter unterstützen. Später würde sie nachkommen.

Käthes Entschluss fiel auf Mia wie Regen von einem sonnenblauen Himmel. Natürlich protestierte sie. Aber mit Käthe war schlecht zu diskutieren. Wenn diese sich etwas in den Kopf gesetzt hatte, war sie nur mit äußerster Mühe davon abzubringen. Auch jetzt hatte sie bereits alles gut durchdacht. „Meine 300 Rubel kannst du haben, Anna", sagte sie. „Ich werde hier noch eine Weile in Moskau arbeiten und komme später nach." Dann folgten eine Reihe von unumstößlichen Argumenten: Sie könnten ja sowieso nicht zusammen reisen, weil eine Gruppe von vier Mädchen schnell auffallen würde. Außerdem wäre gerade sie am besten in Moskau versorgt und zurzeit am wenigsten gefährdet. All das stimmte. Aber Mia wollte nicht alleine ohne ihre jüngere Schwester reisen. Sie hatte Angst und fühlte sich auch in gewisser Hinsicht für Käthe verantwortlich. Doch diese verstand es bald, alle Bedenken der Schwester zu beseitigen und ihr so viel Mut zuzusprechen, dass diese sich dann doch bereit erklärte, die Fahrt zusammen mit Anna Klassen anzutreten. Sie wollten nur den Frühling abwarten, weil die Reise im kalten Winter zu anstrengend gewesen wäre.

Mitten im Winter tauchten in Moskau auf einmal zwei alte Freunde der Mädchen auf. Es waren die angehenden Lehrer Peter Wiebe und Peter Hildebrandt. Auch sie beabsichtigten, über den Amur aus dem Land zu fliehen. In Moskau angekommen, baten sie die Mädchen, ihnen Brote für die Reise zu trocknen. Sie blieben einige Tage und unternahmen in der Zeit allerlei mit den Freundinnen. Diese baten sie, doch noch etwas mit der Abreise aus Moskau zu warten, damit sie dann zusammen reisen könnten. Doch bis zum Frühling wollten die Männer nicht warten. Auch ließen sie sich nicht dazu breitschlagen, die jungen Frauen mit sich zu nehmen. „Mädels sind bei einer solchen Fahrt nur hinderlich", meinten sie. Nach ein paar Tagen Aufenthalt in Moskau verließen sie die Stadt mit Ziel Amur. Würden sie durchkommen?

Der Frühling kam, und eines Tages, als Mia von einem Treffen mit ihren Freundinnen zurück in die Wohnung kam, wartete eine große Überraschung auf sie: Auf Mias Kiste saß ihre Mutter! Mia musste sich erst regelrecht die Augen reiben, weil sie glaubte, vor lauter Müdigkeit vielleicht eine Erscheinung zu sehen. Aber nein, es war wirklich ihre Mutter. Emilie war älter und schlanker geworden, doch hinter den tiefen Sorgenfalten konnte man immer noch die sehr hübsche Frau erkennen. Und ihr Gesicht war irgendwie gütiger geworden. Mutter und Tochter umarmten einander aufs herzlichste, und ein paar herrliche Tage engster Gemeinschaft folgten.

Für Emilie war es sehr wichtig, ihre beiden Töchter bei bester geistiger und geistlicher Gesundheit anzutreffen. Sie erzählte ihnen, wie sie dazu gekommen war, die weite Reise auf sich zu nehmen. Eines Nachts hatte sie nämlich einen Traum gehabt, in dem ihre beiden Töchter ihre Hände nach ihr ausstreckten und immer wieder nach ihr riefen. „Dieser Traum ließ mich nicht mehr los", sagte sie. „Vater und ich haben uns oft darüber unterhalten, und schließlich ließ er mich zu euch fahren. Was ist hier denn passiert?"

„Mutter, wir haben beschlossen, aus dem Land zu fliehen", gab Käthe zu.

„Aus dem Land fliehen, aber wie denn? Das ist doch verboten und viel zu gefährlich", gab Emilie zu bedenken.

Jetzt berichteten die Mädchen ihrer Mutter von dem Fluchtplan und auch von der Gebetserhörung mit dem Geld – und schließlich war ihr Besuch ja auch eine Antwort auf das Gebet. Käthe erzählte der Mutter, dass sie sich entschieden habe, erst später zu fliehen und zunächst einmal die Möglichkeiten in Moskau auszuloten. Emilie hörte aufmerksam zu und war mit der Absicht ihrer Töchter einverstanden. Sie verstand nur zu gut, dass ihre Töchter in der Sowjetunion keine Zukunft hatten. Sie als Mutter konnte ihnen jedenfalls nicht mehr helfen. „Das Einzige, was ich euch noch geben kann, ist mein Gebet. Und ich bete täglich für euch und werde es auch so lange tun, wie der liebe Gott mich noch über diese Erde gehen lässt."

Allerdings war sie nicht damit einverstanden, dass Käthe allein in Moskau zurückblieb. „Du solltest mit Mia gehen", versuchte sie ihre Jüngste zu überzeugen. Aber wie erwartet gelang es Käthe bald, auch die Mutter von ihrem Plan zu überzeugen.

Mia hatte bereits ihre Arbeitsstelle aufgegeben und hatte jetzt viel Zeit, ihrer Mutter die Stadt zu zeigen. So verbrachten sie viele Stunden miteinander. Erinnerungen an vergangene Tage überschwemmten ihre Gespräche, aber es mischte sich auch immer wieder Hoffnung dazwischen, dass die Situation der Mennoniten im Lande sich doch eines Tages ändern würde, und wenn nicht, dass Gott sein Volk aus dem Land führen würde. Sie sprachen auch viel über Vater Jakob und seine prekäre Situation. Und sie beteten zusammen. Noch nie im Leben hatten sich Mutter und Tochter gemeinsam so viel Zeit genommen für Gedankenaustausch und Gebet. Für Mia sollten diese Tage zur entscheidenden Kraftquelle werden für die Herausforderungen der nahen Zukunft. Gott hatte wieder einmal vorgesorgt und die Mutter durch einen Traum ins ferne Moskau beordert.

Leider vergingen die gemeinsamen Tage schnell. Schon bald musste Emilie Moskau wieder verlassen. Auch Mia und Anna Klassen waren zum Start bereit. „Wir werden uns hoffentlich in Kanada bald alle wiedersehen“, sagte Emilie zu ihren Kindern bei der Abreise. Mit dieser Hoffnung verabschiedeten sich die Schwestern von ihrer Mutter. Für Mia sollte es das letzte Wiedersehen mit der Mutter bleiben.

Annas Schwestern entfliehen der Verbannung

Einen Tag vor der Abreise klingelte plötzlich das Telefon in der Wohnung des finnischen Botschafters. Anna Klassen ging an den Apparat und hörte eine schwache Stimme am anderen Ende sagen: „Hier ist deine Schwester Neta. Ich und Liese sind gerade auf dem Bahnhof angekommen. Bitte komm und hole uns ab.“

Anna lief sofort zum Kasaner Bahnhof. Sie ging lange durch das ganze Bahnhofsgebäude und konnte ihre Schwestern nicht finden. Immer wieder fielen ihr dabei zwei ärmlich angezogene Gestalten auf, aber sie erkannte in diesen Frauen ihre Schwestern nicht. Als sie zum wiederholten Mal an den Frauen vorbeiging, hörte sie eine der beiden plattdeutsch rufen: „Anna, wir sind deine Schwestern, Neta und Liese!" Erst jetzt erkannte Anna in den beiden völlig heruntergekommenen Gestalten ihre Schwestern. Eine unbeschreibliche Welle von Mitleid und schwesterlichen Gefühlen rollte über Anna hinweg. Aber sie hatte gelernt, dass man sich im Reich der GPU oft nur einmal verriet. Deshalb schluckte sie den großen Kloß in ihrem Hals hinunter und sagte leise: „Folgt mir unbemerkt." Tränen würgten sie, als sie aus dem Bahnhof in Richtung der finnischen Botschaft einbog. Und erst im sicheren Gebäude der Botschaft fielen die Schwestern sich um den Hals. Nach einer Weile erzählten sie ihre unglaubliche Geschichte.

Zwei Monate, nachdem sie an ihrem Verbannungsort angekommen waren, wurden sie von ihrem Schwager, dem Arzt Abram Wiebe, besucht. Dieser war von der sowjetischen Lagerverwaltung angewiesen worden, die Lager im Norden zu besuchen und, wo nötig, medizinische Hilfe zu leisten. In einem der Lager entdeckte er seine beiden Schwägerinnen. Er überließ ihnen einige Lebensmittel und setzte nun alles in Bewegung, um die Mädchen aus dem Lager freizubekommen. Weil sein eigener Bruder eine relativ hohe Position in der kommunistischen Verwaltung innehatte gelang es ihm, ein Dokument aufzusetzen, das den Mädchen bescheinigte, dass sie fälschlicherweise verhaftet worden waren. Bald kam dann auch die Anweisung aus Moskau, dass Neta und Liese aus dem Lager entlassen werden konnten. Man führte sie einfach zum Ausgangstor und meinte hämisch, sie seien frei und müssten nun für alles Weitere selbst Sorge tragen.

Was dies bedeutete, war allen klar. Die Mädchen würden nicht weit kommen. Schon bald würden sie in die Hände irgendwelcher Soldaten aus anderen Lagern fallen, von ihnen missbraucht, gequält und am Ende getötet werden. Das war nun einmal das Gesetz des sowjetischen GULAG. Wer es irgendwie schaffte, aus dem Lager zu kommen, sehnte sich bald wieder zurück, in die primitiven Baracken. Die sumpfige Taiga bot wenig Raum zum Überleben, und auf den Straßen lauerten Wachen und Soldaten. Ein ehemaliger Häftling allein auf der Straße erweckte immer den Anschein, geflohen zu sein, und war daher der Willkür der Wachen ausgeliefert. Wie sollten sich da erst zwei geschwächte Frauen wehren?

Neta und Liese waren sich all dieser Gefahren bewusst. Wahrscheinlich hatte man sie im Lager auch entsprechend vorbereitet. Mehrere Insassen hatten Fluchtversuche hinter sich und kannten die Fallen. Deshalb entschlossen sie sich, durch den Wald in Richtung Bahngleise zu gehen. Es wurde zu einer unbeschreiblichen Tortur. Am Ende erreichten sie jedoch die Eisenbahn.

Der Zugbegleiter fragte natürlich nach ihren Dokumenten und Fahrscheinen. Sie zeigten ihm die Entlassungspapiere - mehr hatten sie nicht. Und der nette Mann ließ sie auch ohne Tickets mitfahren. So erreichten sie schließlich Moskau. Sie waren heruntergekommen, körperlich und emotional nur noch Wracks, aber am Leben. Und es war wieder einmal eines der großen Wunder Gottes. Einen Tag vor der Abreise ihrer Schwester erreichten sie Moskau. Anna und ihre Kameradinnen konnten sie also gerade noch aufnehmen, und bald danach fanden sie auch in der Stadt eine Arbeit.

Einmal Stalin aus der Nähe sehen ...

Der Tag der Abreise, der 1. Mai 1930, blieb den Mädchen für immer im Gedächtnis haften. Es war der große Tag der Arbeiter, an dem die Regierung seit Jahren eine Militärparade veranstaltete, der eine minutiös geplante Volksdemonstration folgte. Schulklassen und Arbeiterkollektive bereiteten sich monatelang auf dieses Ereignis auf dem Roten Platz vor. Stalin selbst nahm die Parade ab. Natürlich wollten die Mädchen die Parade sehen. Es wäre gewissermaßen ein schönes Abschiedserlebnis, Moskau noch einmal bunt und fröhlich zu erleben.

Sie drängelten sich so nahe wie möglich an die Absperrungen heran. Die Militäreinheiten waren gerade an ihnen vorbeimarschiert und die ersten Arbeiterkolonnen setzten eben ihren Fuß auf den Roten Platz. Da kam Susie Penner eine einfache Idee. „Wir sollten uns zwischen die marschierenden Arbeiter mischen. Dann gehen wir an Stalin vorbei. So können wir ihn persönlich sehen", schlug sie leise vor. „Wenn wir es schaffen, an Stalin vorbeizulaufen, dann ist es ein gutes Zeichen, dass wir eines Tages auch aus seinem Reich sicher entlaufen werden", fügte sie hinzu.

Das war jedoch ein sehr gefährliches Unternehmen. Würde die Polizei sie jetzt verhaften, dann war ihnen die Ausweisung aus Moskau, Verhaftung und vermutlich Verbannung nach Sibirien sicher. Die etwas ältere Anna, die immer noch dabei war, die plötzliche Begegnung mit ihren verbannten Schwestern emotional zu verarbeiten, protestierte daher auch vehement gegen Susies Plan. Mia aber fand die Idee großartig, und so liefen die beiden auch schon los, ohne Anna die Chance zu geben, ihre Argumente anzubringen. Unwillig folgte sie, um die beiden nicht aus dem Auge zu verlieren. Sie mischten sich unter die Leute, was allerdings gar nicht so einfach war. Die Arbeiter waren in Achterreihen aufgestellt, eigentlich gab es keine Möglichkeit, unbemerkt dazwischen zu gehen. Schon war die Polizei da. Sie winkte den Mädchen zu und forderte sie damit auf, den Demonstrationszug zu verlassen. Auch die Demonstranten ärgerten sich, zischten die Mädchen an und fluchten. Doch ein Rückzug war bereits unmöglich. Die Kolonne hatte den Roten Platz betreten. Jetzt blieb allen nichts anderes übrig, als die Eindringlinge irgendwie unbemerkt über den Platz zu bringen. Vor allem durfte niemand ein grimmiges Gesicht zeigen. Nichts würde Genosse Stalin mehr verletzen als Unwilligkeit. So marschierten auch Mia, Susie und Anna an Stalin vorbei, dem gewaltigen Herrscher. Anna erinnert sich: „Er stand da wie eine Statue ... In dem Moment, als ich an ihm vorbeiging, kam mir der Gedanke: Wenn ich nur eine Waffe hätte, ich könnte weltberühmt werden."

Sicher erreichten die Mädchen das Demonstrationsende und mischten sich unverzüglich unter die Volksmasse. Dann liefen sie hinunter zum Fluss, bestiegen ein Boot, und weg waren sie, weg aus dem Blickfeld der allgegenwärtigen Polizei. Sie hatten es geschafft, ungestraft an Stalin vorbeizumarschieren. Sollte das ein Zeichen sein, dass sie nun auch seinem Reich entkommen würden, wie Susie es meinte? Ohne Zweifel machte der Vorfall den Freundinnen Mut, nun ganz konkret an ihre Flucht zu denken. Unbeobachtet von anderen saßen sie nun in einer menschenleeren Ecke auf dem Deck des Bootes und unterhielten sich über die bevorstehende Reise von Mia und Anna und die Flucht über den Amur. Es war eine stille und doch hoffnungsvolle Abschiedsrunde, die auf ihre Weise eine ganz persönliche Feiertagsstimmung hervorbrachte.

Auf dem Weg in den Fernen Osten

Der Zug mit Ziel Blagoweschensk verließ den Moskauer Jaroslawskij-Bahnhof um Mitternacht. Käthe, Susie, Neta, Liese und ein paar andere Freunde begleiteten Mia und Anna zum Zug.

Es war ein bewegender Abschied. Wer konnte schon wissen, ob man sich so je wiedersehen würde? Gewiss hatten sie alle die Hoffnung. Aber auch wenn ihre Hoffnung in Gott ruhte, so wussten sie längst, dass der Glaube an Gott keinen Garantieschein für die Erfüllung persönlicher Pläne darstellte. Und doch stärkte das Wissen um Gottes Beistand jeden von ihnen auch in dieser Abschiedsstunde. Gott hatte Neta und Liese gerade eben auf so wundersame Weise aus der Verbannung herausgeführt – sollte er nicht auch Anna und Mia bewahren? Sie glaubten es fest. Gerne hätten die Mädchen noch zusammen gebetet, doch hier auf dem Jaroslawskij-Bahnhof war kein Raum mehr für fromme Äußerungen. So verabschiedeten sich die beiden Reisenden von ihren Lieben bewusst distanziert, so als würden sie sehr bald nach Moskau zurückkehren. Nur ihre Augen verrieten die Sehnsucht, dass dies ein endgültiger Abschied von der Stadt ihres Leidens sei.

Die Mädchen hatten sich Tickets für die einfachste Wagenklasse „Hart, ohne Reservierung" gekauft. Wer zuerst kam, erhielt einen Platz. Die anderen saßen oder standen im engen Gang. Der Waggon war, wie immer in dieser billigsten Reiseklasse, total überfüllt. Für die Freundinnen gab es keine Sitzplätze mehr. Sie standen etwas unsicher im Gang. Da bemerkten sie zwei junge Männer, die offensichtlich versuchten, ihre dicken russischen Nachbarinnen von der Bank zu schieben. Sie nörgelten so lange, bis die Frauen fluchend ihre Plätze verließen und im Gang auf ihren Koffern Platz nahmen. Jetzt winkten die Männer den jungen Damen zu. Dankbar nahmen Mia und Anna das Angebot an, auch wenn die Art und

Weise, wie die Plätze neben den sympathischen jungen Leuten frei geworden waren, nicht die feinste war.

Die Männer stellten sich als sibirische Jäger vor, die in Moskau Urlaub gemacht hatten. Drei Tage lang unterhielten sie die beiden Mädchen mit den abenteuerlichsten Geschichten aus ihren Jagderfahrungen. Natürlich konnte man ihnen nur einen Bruchteil davon glauben, aber immerhin war es lustig, und so vergingen die Tage schnell.

Nach den Jägern setzten sich zwei verwundete Offiziere zu ihnen, die zur Erholung auf dem Weg an den Baikal-See waren. Sie waren offensichtlich gut bei Kasse, denn an jeder Station suchten sie die Bahnhofsgaststätte auf und brachten dann auch jedes Mal etwas Essbares für die Mädchen mit: mal einen Tee mit Brot, mal etwas Gebäck. Die Freundlichkeit der beiden Herren war eine große Hilfe für Mia und Anna. Ihr getrocknetes Brot ging langsam zur Neige. Außerdem wagten sie es kaum, ihre Plätze zu verlassen. Andere würden diese nur zu gern besetzen, und die Aussicht, die Fahrt weiter im Gang fortzusetzen, behagte ihnen nicht so sehr. Natürlich hatten sie auch nicht viel Geld bei sich. Die nette Geste der Männer wurde also dankbar angenommen.

Als auch diese geselligen Nachbarn den Zug verließen, bestiegen zwei kommunistische Beamte den Zug und nahmen auf den frei gewordenen Sitzen Platz. Auch mit diesen Männern kamen die Mädchen schnell ins Gespräch. Sie hörten gerne von deren Erfahrungen in China, wo sie einige Jahre gelebt hatten. Schnell zeigten Mia und Anna lebhaftes Interesse. Sie stellten viele Fragen, und die Männer antworteten bereitwillig. Plötzlich schienen die Fragen der Mädchen sie misstrauisch zu stimmen.

„Wo wollt ihr denn eigentlich hin?“, fragte einer der Männer. Als sie Blagoweschensk als ihre Endstation angaben, ging das Misstrauen der Beamten in offene Drohung über. Nicht nach Blagoweschensk, sondern nach China seien sie in Wirklichkeit unterwegs! „Ihr wollt aus dem Land fliehen, nicht? Was habt ihr denn getan? Warum müsst ihr fliehen? Sicher habt ihr etwas verbrochen, oder ihr seid Nachkommen antirevolutionärer Elemente.“

Den Mädchen gefror das Blut in den Adern. Doch sie suchten

mit allerlei witzelnden Bemerkungen den Eindruck der Männer zu vertuschen. Trotzdem drohten diese, sie an der nächsten Station bei der GPU anzuzeigen. Das wäre natürlich ihr sicheres Ende gewesen. Irgendwie würde die GPU schon die wahre Identität der beiden feststellen und sie garantiert in die Verbannung nach Sibirien schicken. Sie versuchten ihre Aufregung zu verbergen und die Männer vom Thema abzulenken, aber innerlich schrien sie zu Gott um Bewahrung. Und Gott ließ auch dieses Mal die Gefahr vorüberziehen.

Diese Erfahrung dämpfte die Reisefreude der beiden. Sie wollten nun doch mehr aufpassen und sich nicht so sehr auf diese Reisebekanntschaften einlassen. Sie waren inzwischen über den Ural in die Weiten Sibiriens eingefahren. Tagelang zogen Wälder, Flüsse und hie und da ein Dorf an ihnen vorbei. Dann erreichte der Zug Nowosibirsk, die junge industrielle Metropole.

Der riesige Bahnhof schien buchstäblich von Menschenmassen in Besitz genommen zu sein. Als die Mädchen sich die Menschen jedoch näher ansahen, erschraken sie sehr. Die meisten dieser Leute befanden sich anscheinend auf dem Weg in die Verbannung. Die auf den Nebengleisen abgestellten Züge waren voll von Verbannten. Viele Züge wurden von Soldaten bewacht. Überall hörte man die Schreie und Bitten dieser armen Menschen nach Wasser und Essen. Es war furchtbar.

Die schöne sibirische Landschaft vermochte Mia und Anna danach nicht mehr zu erfreuen. Vor ihren Augen standen die Massen von Verbannten und Gefangenen. Bestimmt waren unter ihnen auch Mennoniten, vielleicht ihre Bekannten und möglicherweise Verwandten. „Vielleicht ist ja auch mein Papa in einer solchen Kolonne", dachte Mia. Und sie selbst war dieser Hölle noch lange nicht entflohen. Die Chancen, in kürzester Zeit aus dem halbwegs komfortablen Passagierzug in einen dieser verfluchten Transportzüge zu wechseln, waren sehr hoch. „Himmlischer Vater, bitte bewahre uns. Nimm diese Flucht in deine Hände. Bitte!", betete sie immer und immer wieder. Auch Anna betete. Mia konnte es ihrer Freundin ansehen, auch wenn sie sich hütete, auch nur eine Silbe mit ihr darüber zu reden. Sogar der berühmte Trick mit der plattdeutschen Sprache durfte hier nicht angewandt werden. Man könnte sie ja als Ausländerinnen anklagen, und dann würde sich die GPU ihrer annehmen.

Die schrecklichen Bilder aus Nowosibirsk wurden bald zu einer normalen Begleiterscheinung. Fast an jeder Station sah man diese Züge, und immer wieder konnte man Kolonnen von Menschen sehen, die unter Bewachung ab in die Wälder geführt wurden. Dies waren bestimmt in ihrer überwältigenden Mehrheit einmal die besten Arbeiter des Landes. Ihre Schuld bestand darin, dass sie fleißig gewesen waren und es zu Besitz gebracht hatten. Jetzt benutzte der Staat diese Menschen, um den Reichtum Sibiriens zu erschließen. Der ehrgeizige Industrialisierungsplan Stalins war nur mit kostenloser Arbeitskraft zu verwirklichen. Das Land hatte kein Geld. Deshalb begann ein grausamer gesellschaftlicher Aufbau auf Kosten unschuldiger Menschen. Am neunten Tag, vormittags, erreichte der Zug Blagoweschensk. Die erste Etappe auf der Flucht war geschafft. Erleichtert, endlich wieder festen Grund unter ihre Füße zu bekommen, verließen die Freundinnen den Zug, voller Spannung, was sie hier erwarten würde.

In der fernöstlichen Mennonitensiedlung

Blagoweschensk war eine typische sibirische Stadt, in der sich das Leben einer ganzen Region abspielte. Händler, Bauern und Jäger veräußerten hier ihre Sachen. Die Stadt lebte vor allem von diesem Handel. Eine funktionierende Industrie gab es nicht.

Schon im Zug hörten die Mädchen die Mitreisenden von dem belebten Markt in der Stadt erzählen und dass es da auch viele Chinesen gab, die Waren aus dem Ausland hereinbrächten, um diese dann in Blagoweschensk zu verkaufen.

Vom Bahnhof also begaben sich die Freundinnen zuerst einmal auf die Suche nach Verpflegung. Ihr gerösteter Zwieback war längst zur Neige gegangen, und nun hatten sie großen Hunger. Sie gingen die breiten Straßen der Stadt entlang und erreichten bald das Ufer des Amur. An diesem hellen, wolkenlosen Tag hatte man eine hervorragende Sicht über den breiten, mächtigen Fluss, der den Mädchen sofort tiefen Respekt einflößte. Für einen Augenblick blieben ihre Blicke auf dem Wasser haften. „Diesen Fluss sollen wir überqueren?", dachte Mia. Sie konnte nicht einmal schwimmen. Wie sollte das wohl werden? Dann riss sie ihre Blicke vom Wasser weg und sah auf der anderen Flussseite die chinesische Stadt Aigun. Das war also China – der erste Meilenstein in die lang ersehnte Freiheit.

Doch zunächst mussten sie in der Stadt eine Bleibe finden. Ein guter Freund aus der Moskauer Baptistengemeinde hatte ihnen die Adresse einer Familie in der Stadt gegeben und sie gebeten, seine Grüße weiterzuleiten. Sicher würde die gläubige Familie die beiden Mädchen für ein paar Tage bei sich aufnehmen, hatte er gemeint. Nach einer Weile fanden sie das Haus. Sie klopften an, und eine völlig verängstigte Frau öffnete die Tür. Anna stellte sich vor und gab die Grüße ihres Moskauer Freundes weiter. Sie durften eintreten. Aber schon bald bat die Dame darum, dass die jungen Frauen doch so schnell wie möglich ihr Haus verließen. Erst eine Stunde vor ihrer Ankunft hätte die GPU ihren Mann, Prediger der örtlichen Baptistengemeinde, verhaftet. Sie fürchtete, die Anwesenheit der aus Moskau angekommenen Mädchen in ihrem Haus könnte seine Lage noch verschlechtern. Aber Anna und Mia hatten keine Bleibe in der großen Stadt. Deshalb überredeten sie die Frau, doch wenigstens für eine Nacht in ihrem Haus bleiben zu dürfen. Schließlich willigte die freundliche Glaubensschwester ein. Sie gab ihnen den Rat, am nächsten Tag zum Markt zu gehen, wo sie bestimmt Mennoniten antreffen würden.

Am nächsten Tag gingen die Mädchen erst wieder zum Fluss hinunter. Er schien sie fast magisch in seinen Bann zu ziehen. Und dort, nur wenige Kilometer über dem Wasser, war sie, die Freiheit! Ohne ein Wort zu sagen, verließen sie das Ufer und begaben sich auf die Suche nach dem Markt. Hier hofften sie, auf Mennoniten zu treffen, die möglicherweise ihre Erzeugnisse anbieten würden. Wenn sie jedoch keine Mennoniten treffen sollten, so würden sie sicher etwas über die Mennonitendörfer erfahren.

Tatsächlich: Kaum betraten sie den Markt, schon näherte sich ihnen ein Mann und sprach sie auf Plattdeutsch an. „Anna, sag mal, was machst du hier in Sibirien?", fragte er. Es war ein gewisser Herr Johnson, den Anna noch aus ihrer Heimat kannte. Vorsichtig erklärte Anna, sie und ihre Freundin Mia hätten gehört, dass im fernen Osten neue Siedlungen angelegt wurden und dass man hier einfacher überleben könne. Sie erwähnte ihre Fluchtpläne nicht. Herr Johnson berichtete ihnen kurz von den gegründeten Siedlungen und lud sie ein, zunächst einmal in seinem Haus zu leben. Dann stellte er die jungen Frauen auch anderen auf dem Markt anwesenden Mennoniten vor. Eine ganze Anzahl von ihnen waren hier. Die meisten hatten vor, gegen fünf Uhr abends zurück in die Ansiedlung zu fahren. Ebenso der freundliche Herr Johnson. Und natürlich waren sie bereit, Mia und Anna mitzunehmen.

Es war herrlich, wieder unter den eigenen Leuten zu sein, Plattdeutsch zu sprechen und sich irgendwie doch geborgen zu fühlen. Nach Monaten in Moskau glich diese erste Begegnung auf dem Markt einem Wiedersehen mit Verwandten, auch wenn sie zunächst niemand von den auf dem Markt anwesenden Mennoniten, außer Herrn Johnson, persönlich kannten. Aber so ist es, wenn man seine Landsleute trifft. Und weil die Mennoniten meist alles übereinander wissen, so erfuhren sie auch bald, dass in der Stadt mehrere ehemalige Mitschülerinnen aus Halbstadt arbeiteten. Sie waren ebenso den Schikanen in der Heimat entflohen und versuchten, sich hier eine neue Existenz aufzubauen.

Einige von ihnen hatten im örtlichen Krankenhaus eine Anstellung gefunden. Bis zur Abfahrt blieb noch viel Zeit, und so beschlossen Mia und Anna, sich im örtlichen Krankenhaus zu erkundigen, ob man sie nicht auch als Krankenschwestern einstellen würde. Eine entsprechende Bescheinigung hatten sie ja beim Verlassen des Halbstädter Instituts erhalten.

Der Chefarzt nahm sie freundlich auf, sagte aber, dass sie hier bis zum Sommer kein Personal einstellen würden. Im Juni sollten sie sich aber wieder melden, da einige Krankenschwestern dann in Urlaub gehen würden und man sie gerne als Vertretung einstellen könnte. Das war wenigstens eine Perspektive. Und das erste Mal nach Monaten zog etwas Hoffnung ins Herz der beiden Freundinnen. Natürlich wollten sie so bald wie möglich das Land verlassen, doch gab ihnen die Aussicht, im Krankenhaus zu arbeiten, wenigstens eine Perspektive für den Fall, dass sich die Flucht verzögern sollte.

Nach einer Weile fanden sie auch ihre Halbstädter Mitschülerinnen. Da gab es viel zu erzählen, sodass die Stunden im Nu verflogen. Als sie dann kurz vor fünf ihre Bekannten verließen, kam ihnen die fremde Stadt Blagoweschensk schon bemerkenswert heimisch vor. Anders als Moskau war es eine kleine Stadt und hier lebten Menschen, die sie kannten. Natürlich hatten sie auch diesen nichts von ihren weiteren Plänen erzählt. Im Land des GPU hatten die Wände Ohren, und die beiden Freundinnen hatten mittlerweile gelernt, wie schnell man sich verraten und in größte Gefahr bringen konnte. Doch irgendwie hatte auch diese Begegnung sie ermutigt. Fröhlich kehrten sie zum Markt zurück, gerade noch rechtzeitig, um mit den mennonitischen Marktleuten in deren Dörfer zu gelangen.

Die Ansiedlung lag etwa 80 km von der Stadt entfernt. Eine Straße dahin existierte nicht. Diese Dörfer waren ja alle erst wenige Jahre zuvor gegründet worden. Die Kolonne quälte sich demnach durch Schilf und Sumpf. Oft versanken die Pferde bis zu den Knien im Dreck; dann mussten alle anpacken, um Tier und Wagen ins Trockene zu schieben. Es war eine mühsame Fahrt. Und doch genoss Mia den freien Blick in die Weite: grüne Wiesen, die bunt übersät mit Maiglöckchen und Iris den Betrachter magisch anzogen, sowie dichte Wälder und immer wieder der fröhliche Gesang der Vögel schufen insgesamt eine Atmosphäre des Friedens, wie Mia sie schon lange, lange nicht mehr erfahren hatte. Hier in Gottes freier Natur schien jede politische Gefahr gebannt, und nur die Nachbarschaft der plattdeutsch sprechenden Menschen zählte. Zum ersten Mal seit Jahren überkam Mia das Gefühl von Geborgenheit. Längst waren die Strapazen der langen und beschwerlichen Fahrt vergessen.

Dann endlich kamen sie an. Anna fand auch bald ihre Verwandten, die sie und Mia gerne aufnahmen. Wie alle anderen in der Siedlung waren sie sehr arm. Brot gab es im Dorf kaum, aber hungern musste auch keiner. Die Siedler hatten ihre Kühe und anderes Kleinvieh, somit gab es Milch und Fleisch. Auch der Wald gab allerlei Beeren, Sauerampfer und Rhabarber her. Um die Verwandten nicht über die Maßen zu beschweren, zogen Mia und Anna von Haus zu Haus und versuchten sich, wo es nur ging, nützlich zu machen. Sie melkten die Kühe, halfen im Haus, passten auf die Kinder auf, jäteten und hackten in den Gärten und auf den Feldern. Einmal schmückten sie eine Braut und ein anderes Mal hielten sie einen Vortrag darüber, wie man Babys versorgt. Immer aber hielten sie ihre Ohren und Augen offen nach einer Fluchtmöglichkeit.

Das Leben in der Siedlung, so friedlich es auch auf sie wirkte, vermochte die Gefährtinnen nicht von dem ursprünglichen Plan, außer Landes zu fliehen, abzubringen. Gezielt sammelten sie Nachrichten und Berichte über die Fluchtmöglichkeiten und -chancen. Überall konnte man die Siedler unter vorgehaltener Hand darüber reden hören. „Hier sitzen wohl alle auf gepackten Koffern", dachten die Mädchen manchmal. Die meisten Siedler warteten scheinbar auf den Winter, um dann mit ihren Fuhrwerken über den zugefrorenen Fluss zu fahren. So waren im vergangenen Winter schon mehrere Familien geflohen. Mia und Anna hörten bewegende Geschichten. Von einer Mutter erzählte man, dass sie jeden Tag mit ihren Kindern an den Fluss gegangen sei. Die Kinder spielten auf dem Eis, und sie passte sorgfältig darauf auf, dass sie nicht zu weit hinausliefen. Wenn sich eins der Kinder weiter vom Ufer entfernte, so rief sie dieses mit strenger Stimme zurück. Mit der Zeit gewöhnten sich die Grenzsoldaten an das tägliche Bild. Eines Tages aber zog die Mutter ihren Kindern feste, warme Kleider an, und als sie einige Zeit auf dem Eis gespielt hatten, rief sie ihnen in Plattdeutsch zu, sie sollten auf die andere Seite laufen. Die Kinder liefen los. Sie selbst tat so, als wollte sie die Kinder vom Eis holen, und lief ihnen hinterher. Die Soldaten beobachteten mit Belustigung die Szene, bis es zu spät war und die Mutter mit ihren Kindern schon die chinesische Seite des Ufers erreicht hatte. Auch über ihre beiden Freunde Wiebe und Hildebrandt, denen die Mädchen in Moskau noch trockenes Brot mit auf den Weg gegeben hatten, wussten die Siedler Bescheid. Diese waren über den Strom gegangen und zunächst in China ins Gefängnis gekommen, kurz darauf jedoch wieder freigelassen worden. Schließlich hatten sie nach einem Fußmarsch von 1100 km die Stadt Harbin erreicht.

Über ihre eigenen Fluchtpläne sprachen Mia und Anna dagegen kaum mit den anderen. Sie hörten zu, und bald stand ihr Entschluss fest: bis zum Winter wollten sie nicht warten. Die Nachrichten darüber, dass die Sowjets immer mehr Militär an der Grenze zusammenzögen, sowie erste Gerüchte über die Umsiedlung der mennonitischen Dörfer ins Landesinnere verunsicherten sie. Dazu kam noch die schlechte Verpflegung. Sie spürten beide, wie sie täglich schwächer wurden. Bis zum Winter war es noch lang, und ob sie dann noch imstande wären, die Strapazen der Flucht zu überstehen, war eher fraglich. Nein, sie mussten es wagen, noch im Sommer den Fluss zu überqueren. Aber wie? Allein und auf eigenes Risiko – das schien ihnen unmöglich. Es gab da natürlich die chinesischen Begleiter. In den Dörfern tauchten immer wieder Chinesen auf, die Handel trieben und sich gelegentlich gegen Bezahlung als Fluchthelfer anboten. Sich jedoch als Mädchen einem chinesischen Führer anzuvertrauen, das war nicht minder riskant. Immer wieder hörte man die grausamsten Geschichten. Manche Frau wurde auf der anderen Uferseite als zweite oder dritte Ehefrau an Chinesen verkauft. Andere wurden beraubt und misshandelt. Sollte man sich wirklich einem dieser Fluchthelfer anvertrauen?

Die Mädchen wussten schon, dass ihre Flucht mit einem unvermeidbaren Risiko behaftet war, aber sie wünschten sich doch, dieses so weit wie möglich einzugrenzen. Deshalb verbrachten sie sehr viel Zeit im Gebet. Gott, der sie so weit gebracht hatte, würde sie auch jetzt nicht im Stich lassen. Sie baten ihn um eine Fluchtmöglichkeit. Und der Tag kam.

Die Flucht beginnt

Eines Tages waren die Mädchen zu Mittag bei Prediger Kopper eingeladen, einem Witwer, der aus dem weiten Turkestan hierhergekommen war, um mit seinen vier Söhnen und einer Tochter über den Amur zu fliehen. Es war ein ärmliches Mittagessen. Auch hier gab es kein Brot, das doch sonst immer zu einer russischen Mahlzeit gehörte.

Natürlich kam man am Mittagstisch bald auf die Flucht zu sprechen. Die Mädchen sagten, dass sie sich entschieden hatten, nicht bis zum Winter zu warten und dass sie bereit wären, sich einem chinesischen Führer anzuvertrauen, wenn sie nur wenigstens ein paar männliche Begleiter finden würden. Unerwartet boten sich zwei der Kopper-Söhne an, sie auf der Flucht zu begleiten. Das schien die Lösung zu sein. Ein paar Tage später verhandelten sie mit einem Chinesen, der sich anbot, die Gruppe in der Nacht über den Amur zu bringen. Sie waren sich schnell handelseinig. In der nächsten mondlosen Nacht sollte es losgehen. Als Treffpunkt wurde ein Tal in etwa 18 km Entfernung vom Mennoniten-Dorf vereinbart.

Die zwei zurückbleibenden Söhne der Koppers brachten ihre Brüder zusammen mit den Mädchen an den abgesprochenen Treffpunkt. Sie mussten dabei mehrfach an Leuten vorbei, die noch auf ihren Feldern arbeiteten. Immer wieder fragte man sie, wohin sie so spät unterwegs seien. Um jeden Verdacht von sich zu weisen, gaben sie ausweichende Antworten. Auch in einer Mennonitensiedlung gab es mitunter Verräter. Manch einer hatte sich zu schnell seinem Nächsten anvertraut, um es später bitterlich zu bereuen. Verraten und verkauft, landete man dann statt in der Freiheit in einem der berüchtigten GPU-Gefängnisse.

Am verabredeten Treffpunkt warteten bereits zwei weitere mennonitische Männer. Der eine stellte sich als Mierau vor. Er war 55 Jahre alt und Vater von sieben Kindern. Der andere hieß Unrau, 45 Jahre alt, und hatte fünf Kinder. Die beiden Männer waren aus dem Gefängnis geflohen, wo sie infolge einer gescheiterten Landesflucht eine Strafe abbüßten. Die unmenschlichen Zustände im Gefängnis hatte die Männer völlig ergrauen lassen – ein Umstand, der den Flüchtlingen nun zugute kommen sollte, denn die Chinesen hatten großen Respekt vor grauem Haar. Die unerwartete Vergrößerung der Gruppe durch zwei weitere Männer gab den jungen Frauen weiteres Vertrauen, dass Gott ihre Flucht vorbereitet hatte und ihnen Gelingen schenken würde.

Schnell nahmen die Kopper-Brüder Abschied voneinander, und die Gruppe setzte sich im Gänsemarsch in Bewegung. Die Chinesen führten sie quer durch Gestrüpp und Sumpf. Bereits wenige Meter nach dem Start waren die Schuhe und Socken der Mädchen durchnässt. Immer wieder stolperte einer der Flüchtlinge und fiel der Länge nach in den Dreck. Man rappelte sich schnell wieder auf, und weiter ging es. Immer wieder durchwatete die Gruppe einen kleineren Bach. Bald war jeder völlig durchnässt, und die Mädchen begannen zu frieren. Aber ein Zurück gab es nicht. Nach drei Stunden Marsch erreichte die Gruppe gegen ein Uhr nachts das Amurufer.

Erst jetzt legten die Chinesen eine Pause ein. Langsam und in einem schwer verständlichen Russisch begann einer von ihnen, den Flüchtlingen seinen Plan für die Überquerung des Flusses zu erklären. Er sprach sehr leise, denn zu dieser Zeit waren die Wachen besonders aufmerksam. Sie konnten überall sein. Der Amur ist in dieser Gegend in mehrere Arme geteilt, und man wollte nun einen relativ flachen Arm überqueren. Allerdings war ein kleines Stück im Fluss zu tief, so dass man schwimmen musste. Der Führer sagte, dass er hier ein Boot zurückgelassen habe, aber es war im Dunkel der Nacht nicht gleich aufzufinden. Nach einer Weile tauchte er dann mit einem kleinen Floß auf, das aus wenigen Brettern zusammengenagelt war. Alle legten nun ihre Rucksäcke auf das Floß.

Mias Herz schlug wild, als sie hörte, man würde den Fluss ein Stück weit schwimmend überqueren müssen. Wie sollte sie das schaffen? Sie konnte nicht schwimmen! Zum Glück konnte auch einer der Führer nicht schwimmen. Der andere Chinese befahl nun, die beiden Nichtschwimmer sollten sich am Floß festhalten, alle anderen würden es schwimmend vorantreiben. So wurde es dann auch getan.

Anfangs ging alles gut. Sie waren noch nicht weit im Fluss, als das Wasser immer tiefer wurde und sie den Boden unter den Füßen verloren. Der nichtschwimmende Chinese geriet auf einmal in panische Angst. Vor lauter Verzweiflung kroch er aufs Floß, das dadurch kippte. Die Bündel auf dem Floß fielen ins Wasser und schwammen davon. Auch Mia verlor ihren Halt. Sie versuchte, sich an einen der Männer zu klammern, aber dieser riss sich los und ließ sie unter Wasser sinken. Mia kam bald wieder hoch. Sie war bei vollem Bewusstsein und erstaunlich gelassen, und das obwohl sie dem Tod so nahe wie noch nie zu sein schien. Sie ging ein zweites Mal unter und kam bald wieder hoch. Sie kämpfte gegen das Wasser, doch das Floß mit dem Chinesen schien unerreichbar. Währenddessen erreichte Anna das Ufer, hörte aber plötzlich ihre Freundin leise um Hilfe rufen, drehte sich um und sah den verzweifelten Kampf ums Überleben. Sie war eine gute Schwimmerin, doch ihre schweren Schuhe hatten auch ihr viel Mühe im Wasser bereitet. Instinktiv riss sie nun ihre Schuhe und Socken von den Füßen und warf sie weit von sich ins Wasser, den Blick fest auf Mia gerichtet. Dann warf sie sich in den Fluss, erreichte in wenigen Sekunden das Floß, warf den Chinesen herunter und schob es Mia hin, gerade im richtigen Moment, als diese wieder hochkam. Minuten später erreichten alle drei glücklich das Ufer.

Sie befanden sich auf einer der vielen Inseln inmitten des Flusses. Hier war immer noch sowjetisches Territorium. „Wir müssen die Insel überqueren. Es sind etwa fünf Kilometer zu laufen. Auf der anderen Seite wartet ein Boot auf uns. Aber wir müssen uns beeilen. Wir haben viel Zeit verloren. Am Tag können die Wachen uns leicht entdecken", sagte der eine Führer und setzte sofort seinen Gang fort. Aber die Flüchtlinge waren müde, nass und Anna sogar barfuß. Man kam im Sumpf und Schilf nur langsam voran.

Die Sonne ging gerade auf, als sie endlich das andere Ufer der Insel erreichten. Nur noch wenige Hundert Meter Wasser trennten sie jetzt vom chinesischen Ufer. Aber das Boot war verschwunden! Was sollten sie jetzt tun? Unbemerkt von den anderen waren auf einmal auch die chinesischen Anführer weg. Unbehagen breitete sich in der Gruppe aus. Würden die Chinesen sie verraten? War das hier das unverhoffte Ende ihrer Flucht? Waren sie jetzt ihrem eigenen Schicksal überlassen? Wie sollten sie nur über den Fluss gelangen? Sehnsüchtig sah Mia auf die chinesische Seite hinüber. Sie konnte nicht schwimmen. Sie konnte sich auf keinen Fall selber helfen. Anna und die Männer würden vielleicht noch hinüberschwimmen können. Sie nicht. Wieder einmal wandte sich Mia an ihren Herrn. Hatte er sie nicht gerade diese Nacht vor dem sicheren Ertrinken durch Annas Beistand gerettet? Fast zufällig und doch im richtigen Moment hatte ihre Freundin die Not entdeckt und war schnell zu Hilfe geeilt. Die anderen Männer waren so mit sich selbst beschäftigt gewesen, sie hätten das arme Mädchen wahrscheinlich ertrinken lassen. Nicht auszudenken, wenn Anna sie nicht bemerkt hätte! Zweifellos steckte Gott dahinter. Und wenn er sie schon so weit gebracht hatte, würde er dann nicht auch jetzt in dieser verzwickten Lage einen Ausweg wissen? Mit Sicherheit! Angstvoll und doch irgendwie zuversichtlich übergab Mia die Angelegenheit in Gottes Hände.

Die anderen hatten in der Zwischenzeit anscheinend das Gleiche getan. Sie zogen sich etwas weiter vom Ufer zurück und begannen ihre Kleider zu trocknen, das ersehnte Ufer auf der anderen Seite fest im Blick. Es war Sonntag, und vielleicht waren die sowjetischen Grenzposten erst gar nicht zur Wache erschienen. Niemand im Sowjetland arbeitete am Sonntag freiwillig. So könnten sie den Tag wohl sicher überstehen. Denn an die Fortsetzung der Flucht am helllichten Tage war nun überhaupt nicht mehr zu denken.

Gegen ein Uhr mittags löste sich vom gegenüberliegenden Flussufer ein Boot. Es steuerte geradewegs auf die Flüchtlinge zu. Waren das ihre Fluchthelfer? „Wir müssen uns zunächst versteckt halten", sagte Mierau. „Es können auch sowjetische Soldaten sein." Als das Boot jedoch näher kam, erkannten sie ihre zwei Chinesen darin. Stillschweigend stiegen sie ins Boot ein. Der eine Chinese befahl den Männern, die Ruder zu übernehmen. Er selbst griff nach einer Flinte. Auch sein Helfer hielt eine Flinte. Dann ging die Fahrt über den Fluss los. In der Mitte des Flusses forderten die Chinesen das Geld von ihnen. Sie schienen ihrer Forderung mit den Flinten Nachdruck verleihen zu wollen. Für die Flüchtlinge gab es sowieso kein Entrinnen mehr. Hinter ihnen warteten die sowjetischen Wachen, vor ihnen die geladenen Flinten der Fluchthelfer. Gehorsam gaben die Flüchtlinge ihnen die geforderten 400 Rubel. Und dann endlich setzte das Boot am Ufer an. Sie waren gerettet – in der Freiheit! Müde, immer noch nass, völlig mittellos, aber frei!

Stillschweigend fielen sich die beiden Freundinnen in die Arme. Sie hatten es geschafft! Das verhasste sowjetische System lag hinter ihnen. Jetzt und hier am Ufer des Amur begann ihr Weg in die Zukunft. Voller Hoffnung setzten sie jedenfalls ihre geschundenen Füße vorwärts in Richtung Landesinneres. Vor ihnen lag ein fremdes Land voller Gefahren und Nöten, aber es war ein Land auf dem Weg in die Zukunft. Und allein schon dieser Gedanke gab ihnen neue Kraft.

Doch kaum hatten sie ein paar Schritte getan, als sie einen bewaffneten Soldaten bemerkten, der sich ihnen, freundlich lächelnd, in den Weg stellte. Der gerade gewonnene Lebensmut sank den Flüchtlingen schon gleich wieder. Langsam setzten sie sich in Bewegung. Plötzlich legte sich der Soldat der Länge nach quer über ihren Weg. „Ihr müsst über ihn hinwegschreiten", wurde den Flüchtlingen von einem ihrer Fluchthelfer erklärt. „Damit heißt er euch in seinem Land willkommen. Das ist so eine Sitte bei uns." Mutig schritten alle über den Grenzposten. Dann sprang dieser auf, zeigte den immer noch Ängstlichen sein Gewehr und sagte in gebrochenem Russisch „Pust", was so viel wie leer meint. Sein Gewehr war also nicht geladen. Zu guter Letzt machte er noch einen Kopfstand. Jetzt überzog auch die Gesichter der Flüchtlinge ein freundliches Lächeln. Das Land auf dem Weg zur Freiheit nahm sie scheinbar trotz aller gegenteiligen Warnungen freundlich auf. Erleichtert atmete Mia auf und wanderte mit den anderen zum nächsten Dorf.

Kapitel 5

Im Land der aufgehenden Sonne

China war Anfang der Dreißigerjahre ein politisch zerrissenes Land. Seit dem 1. Januar 1912 zur Republik gemacht, war es bisher keiner ihrer Regierungen gelungen, eine starke zentrale Macht aufzubauen. Kein Wunder, dass wiederholt Versuche unternommen wurden, die alte Monarchie wiederherzustellen, die allerdings allesamt scheiterten. Seit 1917 entwickelten sich die Machtverhältnisse in den einzelnen chinesischen Provinzen zum Teil völlig unabhängig von der Zentralregierung, die unter dem Einfluss der Nationalen Partei, der Kuomintang (KMT) stand, welche wiederum von General Chiang Kai-schek geführt wurde. Die eigentliche Macht lag in den Händen der lokalen Militärkommandanten, die ihre Einheiten nach eigenem Gutdünken befehligten und das Leben in den von ihnen kontrollierten Territorien bestimmten. Um ihre Macht auch auf andere Gebiete auszudehnen, suchten diese Befehlshaber immer wieder die militärische Auseinandersetzung mit den benachbarten Provinzen, was unweigerlich zum Rückgang des allgemeinen Wohlstands führte.

Für Mia war vor allem die Lage der Mandschurei von Bedeutung. Die besondere geografische Lage dieser Provinz sowie ihre dichte Besiedlung führten dazu, dass sie in keinerlei dieser lokalen Kriege verwickelt wurde. Die Provinz war leicht zu verteidigen und hatte genügend ökonomische Kraft, sich entsprechendes Verteidigungsmaterial zu besorgen. Zum anderen wurde die Mandschurei bis zum Jahre 1928 von Chang-Tso-lin regiert, einem überaus talentierten politischen Führer. Seiner Führung war es auch zu verdanken, dass die Provinz bald großes Ansehen bei ausländischen Investoren und politischen Repräsentanten genoss. Auch der Marschal Chang Hsüeh-liang, der die Führung der Provinz im Jahre 1928 übernahm, verfolgte eine vom Zentrum autonome Politik.

Mitte der Zwanzigerjahre entschlossen sich die Führer der KMT, die politische Einheit mit militärischen Mitteln zu suchen.

Die Nationale Revolutionäre Armee wurde gegründet. Es ist wichtig anzumerken, dass die benachbarte Sowjetunion diese Entwicklung von Anfang an massiv unterstützte. So wurden im Jahre 1924 mehr als 2,5 Millionen chinesische Dollar für die Finanzierung der Nationalen Militärakademie von den Sowjets an die KMT überwiesen. Weitere 10 Millionen erhielt die KMT zur Gründung der Nationalen Bank. Große Schiffssendungen mit militärischem Gerät liefen in den chinesischen Häfen direkt aus der UdSSR ein.

Die sowjetischen Interessen waren leicht zu durchschauen. Sie suchten nach Wegen, in China einen entscheidenden politischen Verbündeten auf dem Weg zur Ausbreitung des Kommunismus zu finden. Die Bedingungen dafür schienen günstig. Seit Mitte des ersten Jahrzehnts fanden revolutionäre kommunistische Ideen in China fruchtbaren Boden. Marxistische Literatur wurde übersetzt und unter den Studenten verbreitet. Überall in den Städten entstanden revolutionäre Zellen. Die Kommunistische Partei wurde im Jahre 1921 gegründet. Alle Parteien, die Nationalen eingeschlossen, suchten diese Kräfte für sich zu instrumentalisieren.

Gegen Ende der Zwanzigerjahre ging die KMT unter dem Druck ihres rechten Flügels auf bewusste Distanz zu den Kommunisten und den Sowjets. Ein Konflikt wurde unausweichlich. In der Mandschurei schlossen die chinesischen Behörden gegen Mitte des Jahres 1929 die für die russische Seite so wichtigen sowjetischen Stützpunkte entlang der Ostchinesischen Eisenbahnlinie, die die Transsibirische Eisenbahn nach Wladiwostok verlängerte. Alle sowjetischen Konsulate, Firmenvertretungen und sonstigen Büros wurden geschlossen und die sowjetischen Bürger des Landes verwiesen. Die UdSSR reagierte Mitte August 1929 mit militärischen Aktionen, angeblich, um sogenannte Weißarmisten entlang der Grenze zu bekämpfen. Dabei setzte Moskau auf die etwa 3000 Mann starke, neu gegründete Armee der Fernostrepublik, die bald Aktionen bis weit auf chinesisches Territorium unternahm. Auch stärkte man nun bewusst die chinesischen Kommunisten. Erst Anfang 1930 gelang es den Sowjets, wieder eine gewisse Kontrolle über die Ostchinesische Eisenbahnlinie herzustellen. Aber die Spannungen waren damit längst nicht beseitigt. Moskau setzte besonders auf seine eigenen Kräfte in China und baute diese über den Komintern konsequent aus. Am 7. November 1931 rief dann der 1. Nationale Sowjet-Kongress die Sowjetische Chinesische Republik aus. China begab sich auf den Weg des Kommunismus – ein langer und blutiger Weg, wie sich bald herausstellen sollte.

Für die Mandschurei sollte diese Entwicklung jedoch erst viel später beginnen, denn am 18. September 1931 begann die Japanische Kwantung-Armee ihre Invasion in der Mandschurei und besetzte Mukden.

Die politische Situation in China und ihre komplizierten Beziehungen zum sowjetischen Nachbarn machen die Geschichte der vielfältigen Fluchtversuche verständlich. Zum einen erklärt es die Lässigkeit, mit der die sonst so strikten Sowjets ihre Grenze zu China bewachten. Denn die Mandschurei schien auf den Strategiebrettern Stalins längst zu seinem Imperium zu gehören. Er verfolgte eine Strategie der Sowjetisierung, und da waren die wenigen Flüchtlinge ein eher untergeordnetes Übel. Nicht die Sicherung der Grenzen zu China, sondern das Vasallentum Chinas stand auf seinem Plan. Zum anderen wird auch verständlich, warum China selbst in einer Zeit politischer und wirtschaftlicher Krise nicht striktere Maßnahmen gegen den Flüchtlingsstrom über den Amur unternahm. Die Hände der Zentralregierung reichten einfach nicht bis zu den Blauen Bergen im weiten Norden. Die KMT war in unzählige Konflikte verwickelt und überließ das Flüchtlingsdrama seinen eigenen Regisseuren. Die Lokalbehörden wiederum schienen eher an die möglichen Einnahmen von den Flüchtlingen als an politische Konsequenzen zu denken.

Und schließlich wird daraus deutlich, warum die meisten Flüchtlinge die bequemere Route über die Ostchinesische Eisenbahn tunlichst vermieden. Denn hier konzentrierte die Sowjetmacht ihr Netz von Agenten und behielt bis zur japanischen Invasion mit kurzen Unterbrechungen die Kontrolle. Es wäre viel zu gefährlich gewesen, einfach einen Zug nach Harbin zu nehmen. Außerdem setzten im Spätsommer die militärischen Auseinandersetzungen ein. Mia und ihre Freundinnen werden von alldem nur wenig gewusst haben. Sie betraten ein unsicheres Land. Das Sprungbrett in die Freiheit war denkbar unstabil, aber immerhin war es eines, und ein besseres schien es nicht zu geben.

Von Tsche-Ge-De nach Aigun

Die chinesischen Fluchtführer brachten die kleine Gruppe in ein Dorf, welches Tsche-Ge-De hieß und genau gegenüber einer russischen Siedlung lag. Nachts konnte man das Singen russischer Soldaten auf der anderen Seite des Flusses hören.

Sobald die Gruppe im Dorf angekommen war, wurde sie von chinesischen Männern umringt. Alle zeigten auf die beiden Frauen und besonders auf ihre großen Füße. Den chinesischen Mädchen wurden bis knapp in die Zwanzigerjahre hinein ihre Füße in der frühen Kindheit gebunden, weshalb die Frauen sehr kleine Füße hatten – ein dort allgemein als schön geltendes Kennzeichen. Frauen mit großen Füßen schienen auf diese Männer eine besondere Faszination auszuüben. Immer wieder fragten sie, ob die beiden Mädchen verheiratet seien. Diese wiesen dann auf die vier Männer in der Gruppe. Daraufhin hörte man schallendes Gelächter. Die Chinesen konnten es sich offensichtlich nicht vorstellen, dass so junge Frauen mit so alten Männern verheiratet sein sollten. Andere boten Geld, um die Frauen für sich zu kaufen. Nur mit Mühe wurden die Flüchtlinge die männlichen Gaffer los.

Die chinesischen Fluchthelfer führten die Flüchtlinge in ein

Gasthaus. Es war ein merkwürdiges Gebäude. An allen vier Wänden waren Erhöhungen angebracht, die eine Art Bett darstellten und von außen beheizt wurden. Man schlief hier auf einer Strohmatte, aber ohne Decke. Die beheizte Wand wärmte den Gast gerade an der Seite, die zur Wand gedreht wurde. Kühlte man an einer Seite ab, so drehte man sich einfach zur anderen Seite.

Zu Mittag gab es im Gasthaus Tee und Weißbrot. Seit vielen Monaten hatten die Mädchen und ihre Begleiter kein Weißbrot mehr gegessen. Es war für sie daher ein höchster Genuss, nun wieder, wie einmal zu Hause, dieses duftende Brot zu essen. Dann aber kam die große Überraschung: Auf einmal sahen die Flüchtlinge sich von einer Gruppe Chinesen umzingelt, unter denen sie unschwer ihre Fluchthelfer ausmachten. Sie forderten von ihnen das restliche Geld und alle Wertsachen! Bei Mia zeigten sie auf deren Seidenstrümpfe und den Regenmantel. Dann untersuchten sie die Sachen nach Geld und nahmen ihnen alles ab, was sie finden konnten. Mia blieben gerade noch zehn Rubel, die sie zuvor in ihrer Unterwäsche versteckt hatte.

Diese Erfahrung und die Tatsache, dass das chinesische Dorf direkt gegenüber einer russischen Siedlung lag und man ihnen so immer wieder mit Verrat drohen konnte, ließ die Flüchtlinge rasch nach einer Möglichkeit suchen, das Dorf zu verlassen. Gleich am nächsten Morgen machten sie sich in Richtung Osten auf den Weg. Sie hielten sich an dem Flussverlauf und erreichten etwa 30 km weiter ein kleines Städtchen, wo sie im Haus eines Chinesen, der mit einer russischen Frau verheiratet war, Aufnahme fanden. Die Frau erwartete ihr viertes Kind und hätte es sicher gerne gesehen, wenn die beiden Frauen, die sich als Krankenschwestern vorstellten, bei ihr bleiben und ihr bei der Geburt ihres Kindes helfen würden. Sie schien sehr unglücklich zu sein. Anna und Mia fragten sie, wie sie an diesen Mann geraten sei. Daraufhin erzählte die Frau, wie sie auf der Flucht von den Chinesen entführt und dann an diesen Mann in die Sklaverei verkauft worden war. Auf die Frage, warum sie denn nicht einfach floh, zeigte sie traurig auf ihre kleinen Kinder. „Wie kann ich fliehen und meine lieben Kinder zurücklassen?“ Gerne wären Mia und Anna länger im Haus geblieben, der Frau zuliebe. Aber das Benehmen ihres Mannes gefiel der Gruppe nicht. Er war ständig betrunken und wurde auch wiederholt den Mädchen gegenüber handgreiflich, sodass sie eigentlich Angst hatten, in seinem Haus zu übernachten. Sie baten ihn darum um die Erlaubnis, doch im Hühnerstall übernachten zu dürfen. Das erlaubte er großherzig, und so konnten sie wenigstens ungestört und ruhig auf zwei aus Gras gemachten Betten schlafen.

In diesem Städtchen blieb die Gruppe nun für ein paar Tage. Die Männer gingen am Tage in den Wald und sammelten Pilze, die sie dann gegen Brötchen tauschten. So hatten sie wenigstens etwas Verpflegung. Das Geld waren sie ja bereits im ersten chinesischen Dorf losgeworden. Auch die Familie, bei der sie Aufnahme gefunden hatten, lud sie öfter ein, an ihrem eher ärmlichen Tisch Platz zu nehmen. So konnten sie sich etwas von den Mühen der Flucht über den Fluss erholen.

Danach zogen sie weiter, immer am Fluss entlang. Sie kamen jedoch nur langsam voran. Ihre nackten Füße waren zerstochen und verwundet, außerdem machte der heiße Sand das Vorankommen am Tag zur reinen Qual. Nachts aber getrauten sie sich nicht zu gehen. Da war es auch meist ziemlich kalt. So waren sie schon froh, wenn man ihnen in einer chinesischen Familie einen Platz anbot.

Die Chinesen in dieser Gegend waren sehr gastfreundlich. Die meisten Dorfbewohner waren zwar bitterarm, aber sie fanden für die in ihren Augen ungewöhnlich großen Menschen aus Russland immer wieder eine Tasse Tee. Oft boten sie der Gruppe auch Opium zum Rauchen an, das die Mennoniten jedoch immer freundlich dankend ablehnten. Besonders die Mädchen erregten in den Dörfern durch ihre großen Füße die Aufmerksamkeit aller. Sie wurden bewundert und auch immer wieder gefragt, ob man diese großen Füße einmal berühren dürfe.

Mia war von der Gastfreundschaft dieser armen Chinesen sehr angetan. Aber der triste Anblick in den meisten Dörfern weckte auch ihr Mitleid. Vor allem die Kinder taten ihr leid. Viele von ihnen saßen regungslos in der Sonne und wärmten sich. Oft sah man ganz kleine Kinder mit einem Baby auf dem Rücken. Die Mütter mit ihren verkrüppelten Füßen konnten sich wahrscheinlich nicht um die eigenen Babys kümmern, deshalb mussten die größeren

Geschwister helfen. In einem Dorf besuchten sie eine Schule. Nur Jungen schienen hier zum Unterricht zu kommen. Der Lehrer saß auf einer Schlafbank, die Beine überkreuzt, und jagte mit einem Wedel die Fliegen von seinem Gesicht. Vor ihm auf dem Fußboden saßen die kleinen Jungen und lasen alle gemeinsam laut in einem Buch. Immer wenn sie ihr monotones Lesen unterbrachen, schlug er einem der Schüler mit seinem Wedel über den Kopf, dann lasen sie weiter. Eine merkwürdige Schule war das.

Aber der lange Fußmarsch brachte nicht nur interessante Begegnungen und Erfahrungen mit sich. Eines Tages wurden die beiden Kameradinnen, die etwas hinter ihren männlichen Begleitern zurückgeblieben waren, weil sie ihre zerschundenen Füße im Bach kühlen wollten, von einer großen Gruppe chinesischer Soldaten überrascht, die aus einer in der Nähe gelegenen Garnison kam. Als die Mädchen die Soldatenhorde schnell auf sich zukommen sahen, schrien sie laut um Hilfe. Ihre männlichen Begleiter, die bereits hinter einem Hügel verschwunden waren, drehten um und kamen schnell zurückgelaufen. Als die Soldaten die Männer sahen, blieben sie doch stehen, sodass die Mädchen vor dem Schlimmsten bewahrt wurden.

Nach vielen Tagen strammen Marschierens erreichten sie eines Tages Aigun, das Städtchen auf der gegenüberliegenden Seite von Blagoweschensk, wo sie auf Christen stießen. Noch in der mennonitischen Ansiedlung hatte man ihnen empfohlen, die Familie eines chinesischen Geschäftsmannes aufzusuchen, der vor einiger Zeit durch das Zeugnis eines russischen Baptistenmissionars zum Glauben gekommen war. Er hatte sich schon früher durch seine überaus freundliche Haltung den Flüchtlingen gegenüber hervorgetan. Außer diesem Mann lebten in Aigun noch ein gläubiger Apotheker und sein Neffe. Sie sprachen ein passables Russisch, und so konnten die Flüchtlinge sich gut mit ihnen unterhalten. Sie erzählten, dass erst kürzlich in dem Städtchen 69 Christen von aufgebrachten Buddhisten umgebracht worden waren. Trotzdem waren sie sehr gastfreundlich und nahmen die Gruppe für eine Woche bei sich auf. Am Sonntag nahmen sie dann an dem Gottesdienst der Glaubensgeschwister teil. Für Mia war das der erste Gottesdienst nach vielen Monaten. Und obwohl das meiste in diesem Gottesdienst in einer Sprache vorgetragen wurde, die sie nicht verstand, fühlte sie sich hier zu Hause und unsagbar dankbar. Schließlich war es ihr Gott, der sie bereits so weit gebracht und immer wieder vor Gefahr bewahrt hatte. Noch vor wenigen Wochen hatte sie auf der anderen Seite des Flusses in Blagoweschensk gestanden und sich dieses Aigun sehnsüchtig angesehen. Der mächtige Fluss hatte ihr Angst gemacht. Tief und dunkelschwarz waren ihr seine Wogen erschienen. Hatten die Chinesen ihn deshalb Amur, Fluss des Schwarzen Drachens, genannt? Sie hatte ihn jedoch mit Gottes Hilfe überquert. Es war immer noch unbegreiflich und doch wahr. Wie im Märchen lag er nun zu ihren Füßen. Und es schien ihr, dass sein Wasser heller und seine Fluten friedlicher geworden waren.

Als Passagier auf dem Flussdampfer

Über die Christen in Aigun gelang es den sechs Flüchtlingen, ein Telegramm an Dr. Johann Isaak in Harbin zu schicken, in dem sie um Geld für die Reise baten. Etwa eine Woche später kam die Antwort mit einer telegrafischen Überweisung von etwa 10 Dollar pro Person, einer Geldsumme, die sowohl für ein Schiffsticket als auch für die Verpflegung reichen musste. Das Geld wurde ihnen vom amerikanischen Konsulat in Harbin aus einem Unterstützungsfonds für sowjetische Flüchtlinge zur Verfügung gestellt.

Kurz nach dem Eintreffen des Geldes stießen zwei weitere mennonitische Flüchtlinge zu der Gruppe, die Brüder Peter und Gerhard Kopper aus den mennonitischen Siedlungen in Turkestan. Auch sie waren über den Amur geflohen. Mittellos waren sie einfach über den Fluss geschwommen und hatten weder Geld noch Freunde, um in China weiterzukommen. Einmütig beschloss die Gruppe, das Geld aus Harbin mit den beiden Kopper-Brüdern zu teilen. So konnten sie zwar für alle Schiffskarten besorgen, aber für die Verpflegung blieb kaum etwas übrig. Aber Not lehrt Großzügigkeit und vertieft den Glauben an Gott. Irgendwie würden sie auch dieses Mal weiterkommen. Die mittellosen Brüder in Aigun zurückzulassen, das konnten sie einfach nicht.

Und Gott sorgte auch dieses Mal für seine Kinder. Auf dem Flussdampfer trafen sie drei Personen, die gut Russisch sprachen: der Kapitän selbst, ein englischer Missionar aus Los Angeles, Reverend Campbell, und ein jüdischer Student, der außer Russisch auch noch Deutsch, Englisch und Chinesisch sprach. Diese drei nahmen sich der Flüchtlingsgruppe an und luden sie öfter in ihre Kabine erster Klasse zum Tee ein. Ein besonders gutes Verhältnis entwickelte sich zwischen der Gruppe und dem Missionar. Und obwohl dieser weder Russisch noch Deutsch sprach, verstand man sich bald gut. Manchmal saßen sie zusammen und sangen alte Erweckungslieder, jeder in seiner Sprache und doch für alle verständlich. Wenn das Schiff, dessen Dampfmaschine mit Holz geheizt wurde, dann anhielt, um Holz an Bord zu holen, begleiteten die Mennoniten den Missionar auf den Markt, wo sie gemeinsam evangelistische Schriften verteilten. Die Not auf manchen dieser Märkte und Siedlungen war unbeschreiblich groß. Die warme und liebevolle Art von Pastor Campbell schien bei den armen Chinesen gut anzukommen. Für Mia wurde dieser Mann zu einem Beispiel missionarischen Einsatzes, das sie nie mehr vergessen hat.

Nachts begaben sie sich wieder nach unten in die vierte Klasse, wo sie dann, auf engen Pritschen eingeengt, zwischen einer Menge mitreisender Passagiere zu schlafen versuchten. Auch hier gab es immer wieder freundliche Chinesen, die ihre Mahlzeit mit den beiden Mädchen teilten. Meist blieb dann auch etwas für die männlichen Begleiter über. Zwei von ihnen wurden sogar vom Kapitän auf dem Schiff beschäftigt und verdienten damit einen Teil der Verpflegung. Kurzum, die Gruppe wurde versorgt.

Das Schiff war insgesamt neun Tage auf dem Amur unterwegs. Die meiste Zeit hielt es sich dabei wegen des Flusslaufes dicht am sowjetischen Ufer. Oft fuhr es so nahe am Ufer entlang, dass man den Gesprächen der Menschen am Wasser folgen konnte.

Einmal entdeckten russische Fischer die Europäer an Bord des Dampfers. „Ihr habt unsere Leute auf dem Schiff!“, schrien sie plötzlich. Mia und ihre Freunde versteckten sich sofort im Innern des Schiffes und zeigten sich danach nicht mehr an Deck, solange das Schiff dicht an der Grenze entlangfuhr. Ein anderes Mal bestiegen sowjetische Grenzposten das Schiff, um es nach Flüchtlingen zu durchsuchen. Der Kapitän wies seine gefährdeten Passagiere an, sich sofort hinter dem Holz zu verstecken. Als die Sowjets das Schiff bestiegen, vermittelte er den Eindruck, dass er nichts über Flüchtlinge auf seinem Schiff wüsste. Auch die anderen Mitreisenden verrieten Mia und ihre Freunde nicht. Erst als das Schiff den Amur verließ und in den Sungari einbog, war die Gefahr endgültig gebannt. Jetzt ging es ins chinesische Inland hinein, die Sowjets hatten nichts mehr zu melden. Aber eine Überraschung wartete doch noch auf die schwer geprüften Flüchtlinge.

In einem der Häfen wurde ein Boot an das Schiff angehängt. Die Besatzung legte das Seil um den riesigen Schornstein. Wenige Stunden später rammte das Schleppboot einen Felsen und bewegte sich nicht mehr weiter. Da man das aber nicht gleich bemerkte, drohte das festgesetzte Boot den schweren Schornstein vom Schiff zu reißen. Dieser senkte sich bereits gefährlich. Im letzten Augenblick erkannte der Kapitän die Gefahr und hielt das Schiff an. Um Haaresbreite entging das Schiff einem Feuer.

Endlich, nach neun Tagen, erreichte das Schiff die Stadt Harbin. Die Gruppe verließ den Dampfer, verabschiedete sich liebevoll von ihren Mitreisenden, vor allem von Reverend Campbell, und begab sich auf die Suche nach dem Haus von Dr. Johann Isaak. Sie hatten keine Anschrift, aber der erste Taxifahrer bot sich sofort an, sie zu der Wohnung des stadtbekannten Arztes zu bringen.

Sie fanden das Haus, und Frau Isaak öffnete die Tür. Die Gruppe stellte sich als Flüchtlinge aus Russland vor. „Ich bin auch ein Flüchtling aus Russland", entgegnete da Frau Isaak und lud sie ein hereinzukommen. Anna erinnert sich: „Es war unglaublich. Hier waren wir – totale Fremdlinge, und doch fühlten wir uns sofort irgendwie zu Hause." Frau Isaak tischte Erfrischungen auf und fragte, wie sie dem Sowjetregime entronnen waren. Anna und Mia interessierten sich dafür, ob auch Peter Wiebe und Peter Hildebrandt in Harbin angekommen seien. Frau Isaak bejahte. „Sie sind jetzt alle im Versammlungshaus der russischen Baptisten", sagte sie. „Das Komitee klärt die Leute auf, wie man einen Antrag zur Ausreise nach Amerika stellen kann." Natürlich wollten alle sofort dahin. Frau Isaak gab ihnen die Anschrift, und einige Minuten später betraten die Flüchtlinge schon den Versammlungsraum der Baptistengemeinde.

Als die beiden Freundinnen sahen, wer da auf der Kanzel stand, blieb ihnen fast der Atem stehen: ihr alter Freund Peter Wiebe. Er berichtete den Versammelten gerade, wie man einen Antrag zur Ausreise nach Amerika stellen könne. Auch Wiebe sah die in der Tür stehenden Mädchen und erkannte sie gleich. Ihm blieben die Worte in der Kehle stecken. „Wie habt ihr das gemacht, Mädels?!", sagte er nur und unterbrach seine Rede. Dann lud er die Gruppe ein, sich vorzustellen und zu berichten, wie Gott sie aus dem Reich der Sowjets herausgeführt hatte. Es wurde ein bewegender Dankgottesdienst.

Harbin – Stadt der Zuflucht

Harbin liegt am rechten Ufer des Sungariflusses, einem Nebenfluss des Amur. Im Sommer ist der Fluss auch für Schiffe befahrbar, und so hat sich hier schon sehr früh eine chinesische Handelskolonie angesiedelt. Allerdings war die Stadt noch 1896 ein eher kleines Fischerstädtchen. Später, als die Russen ihre Transsibirische Eisenbahn bauten und diese dann im Jahre 1903/04 in die Mandschurei hinein verlängerten, wurde Harbin zu einem bedeutenden Eisenbahnknoten in der Region. Weil die Russen die Stadt zu ihrer Basis beim Bau der Eisenbahn machten, erhielt sie von da an einen eher europäischen Anstrich. Im Russisch-Japanischen Krieg baute das russische Militär hier seine wichtigste Hinterland-Basis aus. Von hier aus wurden die militärischen Operationen der Russen in der ganzen Mandschurei dirigiert. Die Chinesen verbanden die Stadt mit fünf bedeutenden asiatischen Handelszentren, sodass sie schnell wuchs. Lebten im Jahre 1911 noch 40500 Menschen in Harbin, so erreichte die Bevölkerung im Jahre 1931 eine Zahl von 332000, Mitte der Dreißigerjahre bereits eine Einwohnerzahl von über 600000 Menschen.

Viele europäische Unternehmen verlegten ihren Handelssitz nach Harbin, als die Sowjets die Macht im vormals zaristischen Russland an sich rissen. Auch wenn die Mehrheit der Bevölkerung chinesisch war, so stellten die Europäer einen erheblichen Bevölkerungsanteil dar und dominierten auch im Wesentlichen das gesellschaftliche Leben der Stadt.

Die Oktoberrevolution und dann vor allem der Bürgerkrieg hatte viele wohlhabende Russen dazu bewogen, ihr Land zu verlassen. Viele von ihnen siedelten in Harbin an. Es gab hier russische Schulen und sogar Hochschulen sowie ein reiches kulturelles Leben. Wegen dieser starken russischen Präsenz in der Stadt nannte man Harbin auch „Moskau des Orients". Neben den russischen Flüchtlingen lebten in Harbin auch Vertreter anderer nationaler Minderheiten, die ihre Heimat verlassen hatten. Darunter gab es auch viele Deutsche: Katholiken, Lutheraner, Baptisten und Mennoniten.

Die mennonitischen Flüchtlinge hatten sich zu einem Flüchtlingskomitee zusammengeschlossen, dem Nikolai P. Tanzen vorstand. Das Herz des Komitees aber bildete der mennonitische Arzt Dr. Johann Isaak, der seit 1923 in Harbin lebte. Er war mit seiner Familie und seiner Schwester, ebenfalls Ärztin, noch in der NEP93-Zeit aus Russland geflohen. Hier in Harbin unterhielten sie eine Klinik und wurden bald zur eigentlichen Anlaufstelle für mennonitische Flüchtlinge aus dem Reich der Sowjets. Das Komitee half den Flüchtlingen bei der Wohnungs- und Arbeitssuche. Es stellte den Neuankömmlingen kleine Kredite zur Verfügung und machte auch sonst das denkbar Mögliche, damit die vielfach ausgehungerten und kranken Menschen sich schnell erholten.

Harbin war aber für die meisten Flüchtlinge nur eine Zwischenstation. Jeder versuchte so schnell wie möglich weiter nach Übersee, am liebsten nach Kanada oder den USA zu kommen. Die Deutschen wären auch gerne nach Deutschland gegangen, aber da waren die Grenzen zu. Dennoch bemühte sich der deutsche Konsul in Harbin um jeden deutschstämmigen Flüchtling. Es war schon eine entscheidende Hilfe, die das Konsulat den Flüchtlingen anbot: Jedem, der seine deutsche Abstammung nachweisen konnte, wurde der deutsche Auslandspass ausgehändigt. Erst so wurde es dann möglich, China in Richtung USA, Kanada oder Südamerika zu verlassen. Die meisten waren gezwungen, nach Südamerika auszuwandern.

Trotz der unermüdlichen Bemühungen des Flüchtlingskomitees mussten die Menschen doch Monate und manche sogar Jahre in Harbin bleiben. Sie suchten sich Arbeit und richteten sich notdürftig in der Fremde ein. Als Mia und Anna in Harbin ankamen, lebten hier schon etwa 300 deutschstämmige, vor allem mennonitische, Flüchtlinge in der Stadt. Diese Zahl wuchs aber bald auf mehr als 900 an. Die Hilfsorganisationen hatten alle Hände voll zu tun, diesen Armen beizustehen, eine Unterkunft und Arbeitsstelle zu finden.

Mia und Anna kamen zunächst in der deutschen Hindenburg-Schule zusammen mit anderen jungen Leuten unter. Auch ihre alten Freunde Peter Wiebe, Peter Hildebrandt und Georg Neufeld waren hier. Bald stieß auch noch Susie Penner zu ihnen. Sie hatte es gewagt, allein den beschwerlichen Weg von Moskau an den Amur auf sich zu nehmen, weil Käthe in Schwierigkeiten mit der Polizei geraten war und Moskau Hals über Kopf in Richtung Saratow verlassen hatte. In Saratow lebten mittlerweile auch die Eltern Reimer, und Hans hatte ein Medizinstudium angefangen. So entschied sich Käthe, bei ihren Eltern zu wohnen, und blieb für immer in der Sowjetunion. Susie aber schaffte es unter unmenschlichen Bedingungen bis nach Harbin. Jetzt waren die drei Freundinnen wieder zusammen und bildeten bald mit den drei jungen Männern eine lebensfrohe Internatsgemeinschaft.

Die Lebensverhältnisse waren primitiv. Geschlafen wurde einfach auf dem Fußboden. Neben einem kleinen Kissen und einer dünnen Decke konnten die Freunde sich nichts anderes leisten. Gekocht wurde im Schulhof in einer Blechdose unter primitivsten Verhältnissen. Aber niemand beschwerte sich. Sie waren frei, zusammen und konnten ungehindert ihren Glauben leben. Alles andere würde sich unter der gnädigen Hand Gottes bestimmt auch regeln lassen. Zunächst galt es, eine Arbeitsstelle zu finden. Während die Mädchen bald eine Anstellung fanden, hatten die Männer es da viel schwerer. Aber auch das regelte sich bald. Peter Wiebe wurde Vorsitzender des Flüchtlingskomitees, Peter Hildebrandt Lehrer an der deutschen Flüchtlingsschule und Georg Neufeld half der Schwester von Dr. Isaak, die rechtlichen Probleme der Flüchtlinge zu lösen. Die patenten Mädels packten wieder fleißig als Krankenschwestern bei der Behandlung der Kranken in der Klinik mit an. Dazu verdiente sich jeder noch Geld mit gelegentlichen Jobs.

Für junge deutsche Frauen war es nicht schwer, eine Arbeit zu finden. Sie konnten verhältnismäßig schnell eine Gouvernanten-Stelle bei den vielen in Harbin lebenden Ausländern erhalten. Auch Lehrerinnen für Deutsch wurden gesucht. Ohne größere Probleme fand Mia bald eine Anstellung als Kindermädchen. Die kleine Eleonore von Hauser, die sie betreuen sollte, war sechs Jahre alt. Ihre Eltern waren geschieden. Und ihre Mutter, eine gebürtige Russin, hatte nur wenig Zeit für ihre Tochter. Sie wollte aber unbedingt, dass ihre Tochter Deutsch lerne, und so bestand Mias Aufgabe darin, dem Mädchen Deutsch beizubringen und es in seiner Freizeit zu beschäftigen. Aber jede freie Stunde verbrachte sie in der Klinik von Dr. Isaak.

Zwischen der Familie Isaak, die drei Kinder hatte – Konstantin, Waldemar und Margaret, die bald von Anna betreut wurden – und den sechs jungen Freunden entstand eine sehr herzliche und enge Beziehung. Die Isaaks lebten in einem großen, zweistöckigen Haus im Zentrum von Harbin, und die Freunde waren dort stets willkommen.

Im Haus lebten außer der Familie noch die beiden Schwestern von Johann Isaak: Frau Strasse und Frl. Dr. Isaak, die Ärztin. Jeden Freitag durften Mia und ihre Freunde die Badezimmer im Haus benutzen, auch das Klavier stand ihnen täglich zur Verfügung. Außerdem luden die Isaaks sie jeden Samstag zum Abendbrot ein. Diese Abende stellten für die sechs jungen Leute jeweils den Höhepunkt der Woche dar. Und das nicht nur, weil es jedes Mal ein herrliches und ausgefallenes Menü gab. Dr. Isaak versuchte, seine Familie weltgewandt zu erziehen, und das Samstagabendessen gehörte fest zu seinem Erziehungsprogramm. Jeden Samstag gab es ein nationales Menü – entweder russisch, deutsch, englisch oder chinesisch. Bei Tisch durfte man nur in der jeweiligen Sprache sprechen, und die Bedienung am Tisch folgte der entsprechenden Volkssitte.

Außer der Familie und den sechs Freunden saßen normalerweise auch noch die Kinder eines gewissen Dr. von Raupachs, ein Junge und ein Mädchen, am Tisch. Es war eine lustige Runde. Meist begann dann die Mahlzeit gegen sieben Uhr abends und dauerte etwa zwei Stunden. Von neun bis zehn Uhr wurde musiziert und danach gespielt. Gegen Mitternacht waren alle müde, und die unzertrennlichen Freunde begaben sich durch die engen chinesischen Gassen zurück in ihre Wohnräume.

Seit einiger Zeit wohnten sie nicht mehr in der Hindenburg-Schule. Sie hatten sich zusammen eine Drei-Zimmer-Wohnung im chinesischen Viertel gemietet: ein Zimmer für die Frauen, eins für die Männer und eines diente allen gemeinsam als Küche, Wohn- und Esszimmer.

Das Leben in der Wohngemeinschaft wurde bald bereichert durch die sich anbahnende Liebesbeziehung zwischen Anna Klassen und Georg Neufeld. Georg war Sekretär des Flüchtlingskomitees. Auf einer abenteuerlichen Fluchtreise hatte er Harbin erreicht, von wo aus er bald zu seinen Eltern nach Kalifornien reisen wollte. Die Eltern waren bereits 1917 über China und Japan nach den USA ausgewandert. Georg wurde damals an der Grenze angehalten, weil er bereits 17 Jahre alt war und somit für den Militärdienst registriert werden musste. Er kehrte in seine Heimat nach Ufa am Ural zurück, registrierte seine Papiere und wurde bald in die Armee des Admiral Koltschak eingezogen. Nach der Vertreibung von Koltschak aus Russland kehrte Georg wieder nach Ufa zurück und beantragte eine Ausreisegenehmigung, um zu seinen Eltern nach Kalifornien zu ziehen. Sein Antrag wurde jedoch abgelehnt. Daraufhin entschloss er sich zu fliehen. Er bestieg den Zug nach Alma-Ata in Mittelasien und flüchtete in der Nacht über die Grenze nach China. Zu Fuß durchquerte er die Wüsten Takla und Gobi und erreichte Harbin Anfang 1930.

Trotz der widrigen Umstände entschlossen sich Anna und Georg, bald zu heiraten, was natürlich bei Mia und den anderen Freunden auf helle Begeisterung stieß. Sie legten den Hochzeitstermin auf Mitte Dezember. An eine Hochzeitsfeier, wie man sie aus der Heimat kannte, war natürlich nicht zu denken. Aber Anna und Georg sollten diesen Tag nie vergessen, meinten alle. Doch dann erkrankte Georg kurz vor dem geplanten Hochzeitstermin ziemlich schwer. Anna schlug vor, die Hochzeit bis zur Heilung zu verschieben, aber Georg drängte darauf, trotz seines

Zustandes zu heiraten. Sollte er sich von der Krankheit nicht erholen, sagte er, so würden sich seine Eltern immerhin verpflichtet fühlen, ihre Schwiegertochter nach Kalifornien zu holen. Anna wäre dann auf jeden Fall geholfen, und er hätte ihr wenigstens diesen Liebesbeweis erbringen können. So gab Anna nach.

Mit den wenigen Mitteln, die sie hatten, richteten sie in Harbin ein Fest aus. Trauung und Feier fanden im Hause von Dr. Isaak statt. Nur die nächsten Freunde waren eingeladen. Der deutsche lutherische Pastor Kastler traute das Paar. Georg hielt allerdings nur mit Mühe bis zum Ende der Trauung durch. Sein Gesicht war rot angelaufen, und gleich nach der Zeremonie fuhr Dr. Isaak ihn zum Hospital. Die Ärzte diagnostizierten Meningitis, eine damals unheilbare Form von Hirnhautentzündung. Alle Versuche, seiner Erkrankung auf die Spur zu kommen, scheiterten. Zwei Wochen nach der Hochzeit musste auch Dr. Isaak seine Ohnmacht eingestehen. Georg war dem Tode nahe.

Seine Freunde verbrachten viel Zeit an seinem Bett. Georg war gerade 32 Jahre alt. Seine Eltern lebten im sicheren Kalifornien. Er hätte sicher längst den Strapazen des Harbiner Alltags entfliehen können. Manch einer hatte ihm geraten, genau das zu tun. Aber er wollte bei seinen Freunden und bei Anna bleiben. Jetzt lag er im Sterben. Niemand konnte ihm mehr helfen. Und Gott? Gott schien seine Tage gezählt und eben auf diese 32 Jahre begrenzt zu haben. Mutig unterhielten sich die Freunde mit ihm und auch mit Anna, seiner jungen Frau, über den Tod. Und als der Tag des Abschieds kam, war Georg vorbereitet. Im Frieden ging er von dieser Erde. Seine Freunde schienen den heiligen Ernst der Stunde zu begreifen. Auch Anna war in diesen letzten Wochen reifer geworden. Sie hatte ihren Georg praktisch nur für zwei Wochen, von denen sie die meiste Zeit mit der Pflege ihres todgeweihten Mannes verbrachte, aber ihr Leben war durch diese Zeit bereichert und vertieft worden. Georg starb am 31. Dezember 1930 und wurde von Pastor Kastler beerdigt.

Auch die beiden anderen jungen Männer waren kränklich. Peter Hildebrandt litt an einer Lungenerkrankung und musste daher jeden Tag in die Behandlung zu Dr. Isaak. Aber er überlebte.

Mia dagegen fühlte sich ausgezeichnet. Der gesundheitliche Zustand ihrer Freunde tat ihr leid, und sie betete oft für sie. Natürlich vergaß sie dabei nicht die eigene Gesundheit. Dass es ihr trotz aller Entbehrungen so gut ging, war nicht ihr Verdienst. Normalerweise hätte sie schon längst krank werden müssen, stand doch ihre ganze Kindheit unter dem Vorzeichen körperlicher Schwäche. Aber Gott schien sie zu bewahren. Mia glaubte fest daran, dass dies mit ihrem Auftrag zu tun hatte, sobald sie selbst sicher in einem Land unterkommen würde, auch einen Weg für ihre Eltern und die beiden Geschwister Käthe und Hans aus dem Reich der Entbehrungen zu schaffen.

Sie dachte oft an ihre Eltern und Geschwister. Wo waren sie jetzt? Waren sie überhaupt noch am Leben? Zu ihren Geschwistern in Kanada, Anna und David, hatte sie bald nach der Ankunft in Harbin Kontakt aufgenommen. Aber auch sie schienen zunächst nicht viel zu wissen. Trotzdem war es für Mia eine Ermutigung, dass wenigstens zwei ihrer nächsten Verwandten von ihrem Aufenthalt und ihrer Lage wussten. Und zu ihnen wollte sie reisen. Doch es kam auch diesmal alles ganz anders.

Kapitel 6

Nach Amerika!

Dr. Isaak hatte den drei Freundinnen sehr bald nach ihrer Ankunft in Harbin einen Vorschlag gemacht, nämlich anstelle eines langwierigen Einreiseverfahrens nach Kanada, das Jahre dauern könnte, einen Antrag zum Studium in den USA zu stellen. Das deutsche Konsulat in Harbin hatte den Mädchen die notwendigen Reisedokumente ausgestellt. Nun war es theoretisch möglich, in den USA einen Studienplatz zu bekommen. Die Mädchen stimmten dem Vorschlag des Arztes zu. Die Aussicht, in den USA ihr Studium fortzusetzen und dann möglicherweise auch eine Aufenthaltsgenehmigung in diesem Land zu erhalten, schuf ganz neue Perspektiven. Sollte so ihr Traum zu studieren noch in Erfüllung gehen?

Über die entsprechenden Hilfsorganisationen stellten sie den Antrag. Eine Antwort war bald da. Die amerikanische Botschaft brauchte von den Mädchen Unterlagen, die ihnen bescheinigten, dass sie a) nicht verheiratet waren, b) jemand in den USA als Sponsor hatten und c) eine akkreditierte Schule bereit wäre, sie als Studenten aufzunehmen. Alle drei Bedingungen waren bald erfüllt. Susie Penners Bruder Abram organisierte eine Einladung der

Schwedisch-Baptistischen Akademie von St. Paul, nach Amerika zu kommen und in Minneapolis ein Studium aufzunehmen. Er trat auch als Sponsor für Anna und seine Schwester auf. Mia erhielt ihr Geld von ihren Geschwistern in Kanada. Und dann gab Dr. Isaak den drei Freundinnen ein Darlehen von $ 1000, womit er der amerikanischen Regierung die Garantie gab, dass die Mädchen keine finanzielle Last für den stark gebeutelten Staat sein würden. Anfang des Jahres 1931 erhielten alle drei die Einreisegenehmigung.

Auch Peter Wiebe und Peter Hildebrandt erhielten ihre Einreisepapiere. Sie hatten sich noch vor der Ankunft der Mädchen um eine Aufnahme in Deutschland bemüht. Jetzt teilte man ihnen mit, dass ihrer Einreise nichts mehr im Wege stand. So kam die Zeit des Abschieds. Die Jungs reisten einige Tage vor den Mädels ab. Allein in ihrer Wohnung gelassen, wurde den Frauen angst und bange. Erst jetzt wurde ihnen bewusst, dass sie in einem eher berüchtigten Viertel mit viel Kriminalität lebten. Am letzten Abend hatten sie den Eindruck, dass sich ein paar dunkle Gestalten in der Nähe ihres Hauses aufhielten, sodass sie lieber ihre wenigen Habseligkeiten zusammenlegten und etwas überstürzt in das Haus von Dr. Isaak flohen. Hier verbrachten sie ihre letzte Nacht in Harbin.

Am nächsten Tag, dem 18. Februar 1931, bestiegen sie den Zug in Richtung Küste. Dr. Isaak hatte alle Reisevorbereitungen getroffen. In Mukden sollten sie in einen Zug nach Korea umsteigen. Und hier erlebten sie ihr erstes kleines Abenteuer. Nach vier Stunden Warten lief endlich ein Zug in den Bahnhof von Mukden ein. Ein Bahn-Bediensteter ergriff die Koffer der Mädchen und stellte sie in den nächsten Waggon. Anna protestierte heftig, dass dies ein Zug in den Norden sei und sie doch nach Süden fahren wollten. Mia und Susie versuchten sie zu beruhigen. Der Mann würde wohl wissen, was er tue. Aber Anna setzte sich durch – die Koffer wurden vom Zug genommen. Erst einige Zeit später lief der Zug nach Pusan ein, mit dem sie dann in Richtung koreanischer Grenze fuhren.

An der koreanisch-chinesischen Grenze traten Zollbeamte ins Abteil und befahlen den Passagieren, ihr Gepäck zu öffnen. Als Erstes sahen sie den Koffer von Anna durch. Ganz oben im Koffer lag ihre Bibel. Als der Beamte die Bibel sah, schloss er den Koffer wieder und kontrollierte auch die Koffer von Mia und Susie nicht mehr. Die Mädchen hörten ihn nur etwas sagen, worin das Wort „Missionare“ vorzukommen schien. Das Wort Gottes im Koffer war ihm Beweis genug, dass die Mädchen ehrliche Reisende waren.

Jetzt ging die Fahrt durch Korea zum südlichsten Zipfel des Landes nach Pusan, einem wichtigen koreanischen Hafen. In Pusan bestiegen sie ein kleines Schiff mit Kurs auf Schimonoseki in Japan. Von dort aus ging es dann per Zug nach Yokohama, wo sie einen großen Ozeandampfer nach San Francisco besteigen sollten.

Im Bahnhof von Yokohama wurden sie von einem deutschsprachigen Reisebegleiter abgeholt, den Dr. Isaak bestellt hatte. Dieser brachte die Mädchen bei einer englischen Dame unter, die sich dann bis zur Abfahrt des Ozeandampfers nach San Francisco rührend um sie kümmerte. Sie zeigte Mia, Susie und Anna die große Hafenstadt, in der damals über eine Million Menschen lebten, und machte mit ihnen auch einen Ausflug nach Tokio. Mia war besonders von den vielen Tempeln der Stadt beeindruckt. Zum ersten Mal wurde sie hier so unmittelbar mit einer fremden Religion konfrontiert. Es lag für sie etwas Befremdendes in dieser so frei zur Schau getragenen Religion. Auf einmal wurde ihr klar: Diese Menschen kannten den wahren Gott nicht. Würde man ihnen jemals das Evangelium sagen? Hier in Yokohama wurde Mias Interesse für die Welt ohne Christus geweckt, und dieses Interesse sollte sie nie mehr loslassen.

Nach einigen Tagen bestiegen die Mädchen dann das deutsch-japanische Passagierschiff „Tayoo-Marco“ mit Ziel San Francisco. Es war ein großes und schönes Schiff. Sie reisten allerdings in der vierten und billigsten Klasse. Außer ihnen waren nur noch zwei Europäer auf diesem untersten Deck. Beide sprachen Russisch, und es stellte sich auch bald heraus, dass sie ebenfalls aus Russland stammten und nun auf dem Weg in den amerikanischen Westen waren, um da ihre neue Heimat aufzubauen. Alle anderen Passagiere waren Japaner und Chinesen.

Bereits am zweiten Tag wurden alle drei Mädchen seekrank. Aber nach einer Weile erholten sie sich und konnten bald den ersten Abschnitt der Seereise genießen. Der Pazifik war ruhig und friedlich und machte seinem Namen alle Ehre. Nach einigen Tagen lief das Schiff im Hafen von Honolulu, Hawaii, ein. Alle Passagiere konnten vom Schiff gehen, so begaben sich auch die Freundinnen auf eine kurze Erkundungstour. Unter anderem bewunderten sie den großen Diamond Head Krater.

Einen Tag später wurde die Fahrt fortgesetzt. Doch jetzt war die See aufgewühlt. Meterhohe Wellen warfen den Dampfer hin und her, als wäre es ein Spielzeug. Furcht und Angst überkamen die Passagiere. Aber alles ging gut, und endlich, nach 18 Tagen, am 19. März 1931, lief das Schiff in den Hafen von San Francisco ein.

Ankunft auf der Engelsinsel

Das Schiff ging vor Anker, und die Mädchen freuten sich schon, endlich festen Boden unter den Füßen zu haben. Stattdessen erwartete sie die nächste Überraschung: Sie durften nicht in die Stadt! Man teilte ihnen mit, dass alle Passagiere, die bestimmte Impfungen nicht nachweisen konnten, sowie alle Flüchtlinge, Immigranten und Ausländer ohne gültige Einreisepapiere zunächst auf die Engelsinsel gebracht würden, eine kleine, direkt vor der Stadt liegende Insel. Hier hatten die Behörden ein Flüchtlingslager eingerichtet, das mit Stacheldraht eingezäunt war und eher wie ein Gefängnis aussah. Die große Freude auf das unbekannte Amerika bei den drei wurde etwas getrübt. Irgendwie hatten sie nicht erwartet, wieder hinter Gittern leben zu müssen. Sie waren müde von der langen Reise und freuten sich endlich auf Ruhe und Freiheit – und dann die „Engelsinsel“ ...

Aber das Lager war doch nicht mit einem Gefängnis zu vergleichen. Es gab hier sehr gutes Essen, und die Mitarbeiter des YMCA (CVJM), welche die Flüchtlinge betreuten, waren alle sehr freundlich. Sogar die steife Dame, die jeden Morgen um etwa sechs Uhr die Gäste mit einem lauten „Good Morning“ aus den Betten warf, lächelte recht freundlich dabei. Sie ließ sich von dem müden und manchmal recht ärgerlichen Gemurmel mancher Flüchtlinge, die nicht einsehen wollten, warum sie so früh aufstehen mussten, nicht irritieren. Die Lagerordnung musste eingehalten werden, und zwar mit aller nur erdenklichen Freundlichkeit und Dienstbereitschaft des Personals. Diese nach außen getragene Freundlichkeit war Mia noch nirgendwo so begegnet. In ihrer mennonitischen Heimat waren die Menschen auch freundlich, doch mehr noch als Freundlichkeit wurde da Echtheit geschätzt.

Aufgesetzte Freundlichkeit galt zu Hause als Heuchelei. Bei den Russen in Moskau erlebte Mia weder das eine noch das andere. Und jetzt diese immer lächelnden Gesichter. Das freundliche Lächeln schien einigen Amerikanern ins Gesicht gemeißelt zu sein. Mia und ihre Freundinnen hatten jedenfalls Mühe, sich sogleich auf diese Amerikaner einzustellen.

Am nächsten Morgen wurden die Mädchen zu einem Arzt gebracht, der die notwendigen Impfungen vornehmen sollte. Wie waren sie überrascht, als der Arzt sich als Dr. Neufeld vorstellte und sofort Deutsch mit ihnen sprach. Und natürlich wollte er wissen, wie sie es geschafft hatten, aus der Sowjetunion zu fliehen. Leider unterbrach eine aufgeregte Krankenschwester diese Unterhaltung. Andere Patienten warteten schon auf den Arzt.

Bald wurde den Freundinnen die nächste Überraschung mitgeteilt: Sie dürften die Insel nur verlassen, wenn sie einen Bürger Nordamerikas vorweisen könnten, der für sie bürgen würde. Wo sollten sie nun einen finanzstarken Bürgen herholen? Ihre Verwandten waren arm und dazu noch weit weg. Sie saßen scheinbar in einer Falle. Und wieder wandten sich Mia, Anna und Susie an Gott. Er würde sie unmöglich in dieser prekären Lage sitzen lassen – jetzt, wo sie so viele Hindernisse überwunden hatten.

Und Hilfe kam: Dr. Neufeld hatte sich vermutlich über die Situation der drei kundig gemacht und gab in der lokalen Zeitung eine Mitteilung auf, in der er auf die Lage der drei Flüchtlinge aus Russland hinwies. Eines Tages überreichte man ihnen die Visitenkarte eines gewissen Landagenten John Siemens. Unter dem Namen des Agenten lasen sie in russischer Sprache: „Willkommen“. Man erwartete sie nun doch in San Francisco! Vor Freude tanzten die jungen Frauen einen Reigen. Bald würden sie das Lager verlassen und ein normales Leben in Amerika aufbauen können. Aber wer war dieser John Siemens? Gespannt warteten sie auf seinen Besuch. Und der kam schon am nächsten Tag.

John Siemens war ein ergrauter Herr, 72 Jahre alt und als

Professor an der örtlichen Universität tätig. Er kam mit seiner Frau. „Wir haben von der YMCA gehört, dass drei mennonitische Mädchen hier im Lager leben. Man bat darum, euch zu besuchen", stellte er sich freundlich auf Plattdeutsch vor. Die Muttersprache zerstört ja bekanntlich in wenigen Augenblicken alle möglichen Barrieren und Vorurteile. Nicht viel anders war es auch in diesem Fall. Sobald die Mädchen Plattdeutsch hörten, fühlten sie sich angenommen und zu Hause. Sie kamen ins Gespräch und erzählten in wenigen Worten ihre Geschichte. Dann lud das Ehepaar die drei ein, bis zur Weiterreise nach Minneapolis statt im Lager bei ihnen zu leben. Siemens erklärte sich auch bereit, die nötige Bürgschaft für die Mädchen bei den Behörden zu hinterlegen. Dankbar nahmen sie diese Einladung an und verließen noch in derselben Stunde die Insel.

Neue Welt und neue Sitten

Das Ehepaar Siemens war mit dem eigenen PKW zum Hafen gekommen. Schüchtern bestiegen die Mädchen das Gefährt. Der große Wagen kam ihnen so nobel vor, dass sie sich zunächst kaum zu rühren wagten. Dann fuhren sie los. John Siemens begann sofort etwas über die Stadt zu erzählen. Er schien alles darüber zu wissen, und seine Worte erinnerten die Mädchen an eine Vorlesung. Vor Mias Augen zogen die herrlichen Straßen von San Francisco vorbei. Sie sah sich die mit sanften Pastellfarben gestrichenen Häuser der Stadt an, und in ihr stieg ein unbeschreibliches Gefühl der Dankbarkeit auf. Sie hatte es geschafft. Jetzt war sie in Amerika! Ein langer, steiniger Weg ging zu Ende. Tiefgerührt schloss sie die Augen und sah nun die dreckigen Gassen von Moskau, Szenen aus der Zugfahrt nach Blagoweschensk und das dunkelschwarze Wasser des Amur vor sich. Für Bruchteile von Sekunden erlebte sie die einzelnen Stationen ihrer Flucht wieder. Angst kroch in ihr hoch.

Schnell öffnete sie ihre Augen wieder. Der Wagen rollte gerade in einen von hohen Bäumen umrahmten Hof ein. „Hier leben wir also", sagte John. „Seid willkommen und fühlt euch wie zu Hause. Wie die Amerikaner sagen: Macht das Haus zu eurem Heim."

Sie standen vor einem großen Haus mit den vielen Zimmern und einem herrlichen Garten. Davor parkten mehrere Autos. Als John die verwunderten Blicke der Mädchen bemerkte, klärte er sie schnell auf. „Wir leben hier mit unseren Kindern. Unsere Tochter ist auch Professorin an der gleichen Universität wie ich, und unser Sohn ist Kapitän auf See. Jeder hat sein eigenes Auto, so kommt dieser Autopark hier zustande."

Sie leben wirklich nicht schlecht, dachte Mia, als sie mit ihrem kleinen Bündel das ihr zugewiesene Gästezimmer betrat. Die ersten Eindrücke von der Stadt und von diesem ersten mennonitischen Haus auf amerikanischem Boden hatten sie jedoch müde, sehr müde werden lassen. Sie setzte sich in den bequemen Sessel im Raum, schloss die Augen und schlief sofort ein.

Die Familie Siemens fing sofort an, Pläne für ihre Gäste zu schmieden. In typisch amerikanischer Manier wurden Exkursionen durch die Stadt organisiert sowie erste Lehrstunden in Kultur, Sprache und Benehmen gegeben. Die jungen Frauen machten alles gehorsam mit, auch wenn sie am liebsten nur geschlafen hätten. Später schrieb Mia darüber: „Wir hatten jetzt nur einen Wunsch, nämlich ausschlafen zu können. Innerlich aber lag auf uns eine große Ruhe und ein stilles Glück. Wir hatten das Land unserer Träume erreicht und waren in dem gelobten Amerika. Was wir hier so weit gesehen hatten, gefiel uns, aber jetzt wollten wir mal erst schlafen. Recht lange schlafen."

Am Sonntag nahm das Ehepaar Siemens seine Gäste mit in die örtliche Mennonitengemeinde. In San Francisco lebten viele Mennoniten, daher gab es hier auch mehrere Gemeinden. Außerdem bewohnten recht viele Mennoniten den mittleren Teil des Staates Kalifornien, wo sie erfolgreich Obst, Gemüse und Getreide anbauten. Reedley, ein mennonitisches Städtchen in der Nähe der Stadt Fresno, nannte man sogar „Brotkorb der Welt".

John Siemens hatte es so organisiert, dass die Mädchen in seiner Gemeinde einen Bericht über die Lage im sowjetischen Russland und über ihre Flucht geben sollten. Tief beeindruckt von dem Gehörten, schlug er vor, nun das Gleiche auch in anderen Mennonitengemeinden zu tun. Man sprach ja in allen Gemeinden noch deutsch, und so würden die Mädchen ohne Probleme ihr Zeugnis weitergeben können. „Und dann sammeln wir in den Gemeinden Spenden. Ihr braucht doch Geld zum Leben", meinte er noch.

Dieser Vorschlag gefiel den Freundinnen nun nicht unbedingt. Kollekten in den Gemeinden zu sammeln und dann davon den eigenen Lebensunterhalt zu bestreiten – so etwas waren sie von zu Hause nicht gewöhnt. „Aus Gottes Kasten nimmt man nichts heraus. Da legt man Geld hinein", hatten sie zu Hause gelernt. Der Gedanke, jetzt das Ganze umzukehren, war für die drei nicht nachvollziehbar. John Siemens redete auf sie ein, versuchte sie davon zu überzeugen, dass es keineswegs falsch sei, wenn man die Geschwister im Glauben bat, auch einmal finanziell zu helfen. Aber die Mädchen ließen sich nicht überreden. Besonders Mia wehrte sich dagegen. Sie wollte Geld verdienen und dann eher selbst für andere sorgen. Nein, auf eine Spendensammeltour gehen wollte sie nicht. Auch das Argument der Familie Siemens, dass sie ja mit ihren Vorträgen Arbeit leisteten, half nicht. Der Gedanke, Geld in der Kirche zu verdienen, wollte nicht in ihre Köpfe rein. Und die Hoffnungen, dass Annas Schwiegereltern die Mädchen bei sich in Kalifornien aufnehmen würden, zerschlugen sich. Die Familie wollte offensichtlich keinen Kontakt zu der unglücklichen Witwe ihres verstorbenen Sohnes und Bruders George.

Zum Glück erhielt Susie Penner eines Tages einen Brief von ihrem Bruder Abram, der in Minneapolis lebte. Dieser lud die Mädchen ein, bis zum Studienanfang bei ihm zu wohnen und schickte auch genug Reisegeld mit. Jetzt konnten sie nach Minneapolis reisen. Von Herzen dankten die drei ihren Gastgebern für die schöne und erholsame Zeit in San Francisco und bestiegen schließlich schwer beladen mit Reiseproviant den Zug in den Osten.

Vorbereitung auf das Studium

Es wurde eine schöne und unbeschwerliche Bahnfahrt nach Minneapolis. Ein ganz anderer Zug mit für sie unbeschreiblichem Komfort und dann das Erlebnis der Fahrt durch die Rocky Mountains blieben den Freundinnen noch lange im Gedächtnis haften. So etwas hatten sie auf ihren vielen Zugfahrten noch nicht erlebt. Amerika war wirklich anders.

Abram Penner holte die Mädchen vom Bahnhof ab. Für die nächsten zwei Monate fanden alle in seinem zwar kleinen, aber gemütlichen Haus Platz. Sie versuchten sich, wo immer möglich, in Haus und Hof nützlich zu machen. Die Penners hatten fünf Kinder: drei Jungen im Alter zwischen sieben und drei Jahren sowie zwei Zwillingstöchter, die erst zwei Monate alt waren. Es gab also viel Arbeit im Haus.

Zwei Tage nach ihrer Ankunft in Minneapolis erhielten die Mädchen einen Brief von der Ausländerbehörde, die nachfragte, ob sie schon ein Studium aufgenommen hätten. Als Studenten durften sie im Land kein Geld verdienen und mussten unverzüglich ein Studium beginnen. An der Bethel-Akademie in St. Paul hatte das Studienjahr jedoch längst begonnen. Außerdem beherrschten die Mädchen die englische Sprache noch nicht. Sie waren also gezwungen, sich private Lehrer zu nehmen.

Die erste Lehrerin war eine ältere Schwedin, Frl. Swedborg, die an der Akademie in St. Paul unterrichtete. Sie gab den Mädchen Englischunterricht. Eine weitere Lehrerin und ein Lehrer, Dr. König aus Deutschland, bereiteten die Freundinnen auf ihr Studium in den USA vor. Es gab einiges zu lernen.

Frl. Swedborg kümmerte sich rührend um die drei „Russenmädchen", wie sie nun an der Akademie genannt wurden. Ganz besonders leid tat ihr die Tatsache, dass ihre Schülerinnen keine eigenen englischen Bibeln besaßen. Eines Tages hielt sie einen Vortrag in Chicago und bat die dortige Gemeinde, eine Kollekte zu sammeln, um den Mädchen jeweils eine Bibel zu kaufen. So erhielten Mia und ihre Freundinnen ihre wunderschönen, in Leder eingebundenen Scofield-Bibeln.

Auch andere Menschen sorgten sich um die drei. Eines Tages rief sie ein Mann namens A. A. Penner aus Montain Lake im Staat Minnesota an. Er bat die Mädchen, mit ihm in die etwa 150 Meilen von Minneapolis entfernte Stadt zu kommen und hier in den Gemeinden von der Situation in Russland zu berichten. Als sie ihm sagten, dass sie auf keinen Fall wünschten, dass man eine Spende für sie einsammeln solle, lächelte er nur.

Missionar Penner holte sie mit einem Auto ab. Als er die sehr ärmlich gekleideten jungen Frauen sah, bot er ihnen jeweils fünf Dollar an. Sie sollten sich dafür wenigstens ein Kleidungsstück kaufen. Fünf Dollar war viel Geld. Sie zögerten anfänglich, ließen sich aber von diesem freundlichen Mann überreden. Mia kaufte sich für das Geld schöne neue Schuhe.

In Montain Lake warteten mehr als 2000 Menschen in der örtlichen Mennonitengemeinde auf sie. Es wurde ein bewegender Gottesdienst. Die drei Mädchen erzählten von der Situation in ihrer Heimat und beschrieben ihre Flucht aus dem Land der Tränen und der Verfolgung. Anna sang begleitet von Mia auf dem Klavier ein paar Lieder. Nach dem Gottesdienst gab es ein wunderbares Mittagessen und dann folgte der nächste Gottesdienst in der Mennoniten-Brüdergemeinde. Hier waren nicht so viele Menschen zusammen, der Empfang jedoch nicht weniger herzlich. Erst spät am Abend kamen sie zum Haus von A. A. Penner. Auf dem Weg hielt dieser plötzlich an und meinte, er sei Diakon in seiner Gemeinde und müsse noch unbedingt das Licht dort löschen. Sie gingen mit. Als sie aber das Gemeindehaus betraten, wurden sie von 65 Frauen mit einem Lied in Empfang genommen. Der örtliche Frauenverein hatte sich noch extra versammelt, und so mussten die Mädchen noch einmal ihre Geschichte erzählen und ein paar Lieder singen. Dann aber folgte die große Überraschung des Tages: Jede Frau hatte etwas mitgebracht und überreichte es den Mädchen. Sie sahen sich auf einmal mit so vielen Geschenken konfrontiert, dass ihnen unwillkürlich die Freudentränen über die Wangen liefen.

Am nächsten Tag ging es mit Überraschungen weiter. Die Frauen der Gemeinde führten sie durch die Stadt, und in jedem Geschäft war etwas für sie hinterlegt: Kleider, Strümpfe, Hüte, Schuhe, Büro- und Schulsachen. Es gab der Geschenke kein Ende. An einem Tag hatten diese freundlichen Leute die Mädchen für die kommenden Studienjahre voll versorgt. Jetzt konnte die Schule wirklich beginnen. Glücklich und von Herzen dankbar fuhren sie zurück nach Minneapolis.

Schon unterwegs beschlossen Mia und Anna, nun nicht weiter der gastfreundlichen Familie Penner mit ihrer Anwesenheit zur Last zu fallen. Susie war ja in der Familie des Bruders – das war schon eine andere Sache. Jetzt, wo sie wieder einmal hautnah erlebt hatten, wie sich Gott seiner Kinder annimmt und für sie sorgt, wollten sie auf keinen Fall anderen eine Last sein. Mia fand eine Anstellung im Haus des Studentenleiters, Familie Plank, an der Universität von Minnesota. Seine Frau war deutscher Abstammung und kränklich. Das Ehepaar Plank hatte zwei Kinder: einen Jungen von 14 Jahren und ein Mädchen, 12 Jahre alt. Mia sollte im Hause Ordnung halten und auch sonst den Haushalt versorgen. Die Planks zahlten ihr sechs Dollar pro Woche und stellten ihr im Übrigen Verpflegung und Unterbringung kostenlos zur Verfügung. Das war genau im Rahmen dessen, was sie als Auslandsstudentin entgegennehmen durfte.

Bald schon fühlte sich Mia im Hause Plank wie zu Hause. Es waren sehr liebe und tiefgläubige Leute. Mia wurde ganz in die Familie aufgenommen. Sie fuhr zu den gemeinsamen Familienreisen mit, und eines Tages wurde sie sogar beim Besuch ihrer Geschwister Anna und David von ihnen nach Kanada begleitet. Die Familie hatte ein nettes Sommerhäuschen am Whitewater-See und verbrachte die Sommermonate dort. Auch Mia durfte mit. Hier in der freien Natur erholte sie sich vollends von den Strapazen der vergangenen Jahre.

Am Bethel College

Eines Tages besuchte A. A. Penner aus Montain Lake die Mädchen in Minneapolis. Er brachte gute Nachrichten mit. Sein Bruder, der Missionar Peter W. Penner, hatte innerhalb der General-Konferenz der Mennoniten einen großen Einfluss. Er hatte sich für die drei Mädchen eingesetzt und ihnen einen kostenfreien Studienplatz am Bethel College in Newton, Kansas verschafft. Dort hatte man eine solche Möglichkeit für Missionarskinder geschaffen. Mia, Anna und Susie waren zwar keine Missionarskinder, hatten aber vieles in ihrem Leben für die Sache des Herrn erleiden müssen und lebten ohne Familie hier, argumentierte er. Dr. J. W. Kliewer, der zuvor selbst sechs Jahre lang in Indien als Missionar gearbeitet hatte und jetzt Präsident der Schule war, ging auf diesen Vorschlag ein und lud die jungen Frauen ein, nach Newton zu kommen. A. A. Penner bot sich an, sie selbst nach Newton zu fahren.

Das war wirklich eine gute Nachricht. Wieder einmal schien Gott alles längst geplant zu haben. Und seine Pläne waren nicht zu überbieten. Ohne lange darüber nachzudenken, packten die Freundinnen ihre Habseligkeiten und fuhren mit nach Newton.

Hier wurden sie liebevoll vom Präsidenten persönlich empfangen. Er wies den Mädchen zwei Zimmer im Studentenwohnheim „Elmwood House" zu. Für den Aufenthalt am College würde ab jetzt die Schule Sorge tragen, sagte er. In typisch amerikanischer Manier hatte er es so arrangiert, dass die neuen Studentinnen in allen 35 Mennonitenkirchen in und um Newton herum Vorträge hielten. Dabei wurden immer wieder Spenden gesammelt: Manchmal gab es Sachspenden, ein anderes Mal gab man ihnen Geld mit. Eine Frau Enns verpflichtete sich, den Mädchen jeden Donnerstag eine Henne, ein Pfund Butter und etwas selbstgemachten Käse zu schicken; andere nähten Decken und Kissen für sie und sorgten dafür, dass sie in nichts den anderen Studentinnen am College nachstanden und so rundum versorgt waren. Auch wurden sie regelmäßig von Familien eingeladen. In Newton lebten eine Reihe von Mennoniten, die ebenfalls in den Zwanzigerjahren aus Russland geflohen waren, und so gab es viel zu erzählen.

Dann begann der Unterricht. Mia und ihre Freundinnen hatten es anfänglich sehr schwer. Der Unterricht wurde in englischer Sprache erteilt, einer Sprache, die sie nur sehr mangelhaft verstanden. Besonders Mia hatte Mühe. Sie ging sowieso nur schwer aus sich heraus, und jetzt noch in einer fremden Sprache! Dazu gesellte sich ihr ungebrochener Perfektionismus. Sie wollte immer gut sein in dem, was sie tat. Also verbrachten die Freundinnen viel Zeit mit dem Erlernen der Sprache. Miss Mary Hooley, ihre Englischlehrerin, brachte viel Geduld auf, sodass alle drei am Ende des ersten Schuljahres die meisten Prüfungen zufriedenstellend bestanden.

Am Anfang der Sommerferien machte die Pastorenfamilie Entz aus Newton den drei Mädchen das Angebot, mit ihnen zusammen in den Urlaub nach Colorado zu fahren. Da es in Kansas im Sommer sehr heiß werden konnte, fuhren alle, die es sich leisten konnten, im Sommer in die Berge nach Colorado. Natürlich willigten die Freundinnen gerne ein.

Als sie dann im Ferienlager ankamen, entdeckten sie in der Nachbarschaft Frau Regier. Sie kannten diese rührige Frau aus der ersten Mennonitenkirche in Newton von einem ihrer Berichts-Besuche in dieser Gemeinde. Frau Regier leitete hier den Frauenverein und war auch sonst sehr engagiert. In den Ferientagen freundeten sich die Mädchen mit ihr an. Sie gingen täglich zusammen auf lange Waldspaziergänge und hatten sich viel zu erzählen. Immer wieder sprach Frau Regier von ihrem erst kürzlich verstorbenen Mann. Sie schien so den Schmerz des Verlustes zu verarbeiten. Am Ende der Urlaubstage nahm sie dann die Mädchen zur Seite und machte ihnen den Vorschlag, doch bei ihr im Haus einzuziehen. „Ich habe ein großes Haus und lebe ganz allein darin. Wenn ihr zu mir zieht, dann bin ich nicht mehr so einsam und ihr habt bestimmt ein besseres Zuhause als das Studentenwohnheim." Das war natürlich ein Angebot, das die Mädchen nicht ausschlagen konnten. Alle drei waren sofort einverstanden, und als sie wieder zurück in Newton waren, zogen sie in ihr neues Heim um.

Es wurde ein herrliches Zuhause. Die Mädchen teilten sich die Arbeiten im Haushalt ein, wobei Mia das Kochen übernahm. Sonst versuchten sie zu helfen, wo immer sie konnten. Frau Regier war eine wirklich vielbeschäftigte Frau, die nicht nur den Frauenverein in ihrer Gemeinde leitete. Sie war auch im Hilfswerk aktiv und packte jede Woche Kleiderpakete für Russland. Auch die Eltern der Mädchen wurden mit Wohltätigkeit bedacht. Mia hatte über ihre Geschwister in Kanada erfahren, dass ihre Eltern mit Käthe und Hans jetzt in Saratow an der Wolga lebten. Also versuchte sie, wann immer es ihre Mittel erlaubten, den Eltern ein Päckchen zu schicken. Oft steckte Frau Regier ihr ein paar Dollar zu, damit sie ihre Pflicht nicht aus Geldmangel unterließ.

Das College war nun etwa 2 km von ihrem Haus entfernt. Deshalb kaufte Frau Regier den Mädchen kurz vor Semesterbeginn einen alten Dodge, den Mia fuhr, da sie es als Einzige wagte, einen Führerschein zu machen. Jeden Morgen sah man nun die drei in diesem alten Wagen durch das Städtchen rattern.

Dieses zweite Jahr am College wurde trotz der sonst schwierigen wirtschaftlichen Lage für die Freundinnen zu einem schönen Studienerlebnis. Alle drei beherrschten nunmehr die Sprache gut, sodass das Studium ihnen keinerlei Schwierigkeiten mehr bereitete – und das trotz der Entscheidung von Mia und Susie, das vierjährige Programm in nur drei Jahren zu absolvieren. Susie war auf diese Idee gekommen. Ihr Verlobter, Peter Hildebrandt, musste Deutschland leider verlassen und hatte sich nun in Paraguay niedergelassen. Er bat Susie nachzukommen, sobald sie ihr Studium zu Ende geführt hatte. Weil sie befürchtete, alleine mit dem zusätzlichen Programm nicht zurechtzukommen, bettelte sie so lange, bis Mia sich einverstanden erklärte, mit ihr zusammen zu studieren. Susie wusste, dass ihre Freundin Mia zwar nicht viel sprach, aber wenn sie sich einmal für eine Sache entschieden hatte, gab es meist kein Zurück mehr. Die College-Leitung war über den Entschluss der beiden Studentinnen etwas verwundert, hatten sie doch gerade erst die englische Sprache gelernt. Aber Dr. Kliewer war ein Leiter, der gerne einmal etwas wagte, und so gestattete er den Mädchen den Versuch.

Sein Vertrauen enttäuschten sie nicht: Im Frühling des Jahres 1934 absolvierten Mia und Susie das College mit einem Bakkalaureat Artium (B.A.), dem Ersten Universitätsexamen. Es war eine bemerkenswerte Abschlussfeier. Dr. Kaufmann, einer der Professoren, hielt die Ansprache zum Thema: „Stelle die wichtigsten Dinge an den ersten Platz“. Niemals mehr würde Mia diese Predigt vergessen. Die einfachen Worte sollten ihr zum Lebensmotto werden.

Große Veränderungen kamen auf ihr Leben zu. Sie war in die USA als Studentin gekommen und war nun mit dem Studium fertig. Hier in den Staaten konnte sie nicht bleiben. Susie lud sie ein, mit ihr nach Paraguay zu reisen. Aber was sollte sie dort? So verbrachte sie die Tage nach ihrem Abschluss mit der Frage, was nun die wichtigsten Dinge für sie waren? Was hatte Gott mit ihr vor? In die Sowjetunion konnte sie nicht zurück. Das Schicksal ihres eigenen Onkels Kornelius Reimer, der mit seiner Frau bereits in Kanada gelebt hatte und sich dann von ihr hatte überreden lassen, zurück an den Kuban zu ziehen, stand ihr oft vor Augen.

Der arme Onkel – was hatten die Sowjets in der Botschaft ihm als Rückkehrer nicht alles versprochen! Als er dann tatsächlich in der Heimat ankam, wurde er verhaftet. Sein Schicksal war grausam. Nein, in die Sowjetunion konnte und wollte sie nicht zurück. Aber wohin? Kanada und die USA schienen keine Flüchtlinge mehr aufzunehmen. Immer wieder wandte sie sich an Gott. Er hatte bis jetzt das Ruder in ihrem Leben in seiner Hand gehalten. Unfähig, nun einen gangbaren und sinnvollen Weg für sich zu erkennen, beschloss sie schließlich, alles in Gottes Hand zu legen und zunächst einmal nach Kanada zu fahren, um Abschied von den Geschwistern dort zu nehmen. „Wenn nichts anderes kommt, dann fahre ich eben mit dir nach Paraguay", meinte sie zu Susie und versetzte diese in einen großen Freudentaumel. Auch Susie wollte erst einmal nach Kanada reisen, um da die Mutter und Geschwister von Peter Hildebrandt, ihrem Verlobten, kennenzulernen. Und Frau Regier sagte den beiden zu, mit ihnen zusammen zu reisen. Sie fuhren mit dem Auto.

An der Grenze öffnet Gott die Türen

Es war eine recht fröhliche Fahrt. Außer den beiden Freundinnen und Frau Regier fuhren noch deren Stiefmutter, Mutter Voth, und ihr Sohn Walter mit. Aber an der kanadischen Grenze ging die Fahrt zunächst nicht weiter, jedenfalls nicht für Mia und Susie. Die kanadischen Grenzbehörden verlangten einen gültigen Reisepass, den die staatenlosen Mädchen aber nicht besaßen. Auch auf der amerikanischen Seite stellten die Beamten unangenehme Fragen, denn das Studium der Mädchen war zu Ende, und somit mussten sie das Land bald verlassen.

In dem kleinen Grenzstädtchen mit dem hübschen Namen Neche mietete Frau Regier schließlich bei einer örtlichen Baptistenfamilie ein Zimmer an, wo Mia und Susie nun zunächst für drei Wochen festsaßen. Sie selbst reiste weiter nach Kanada und benachrichtigte auch Mias Angehörige. Schwester Anna und Bruder David kamen auch bald mit ihren Familien in Neche an. Am Sonntag gingen alle in die örtliche Baptistengemeinde. So wurde der Fall der beiden jungen Frauen bekannt.

Ein gewisser Mister Buhr nahm sich schließlich der beiden an und fuhr mit ihnen in die größere Grenzstadt Emerson, um hier noch einmal mit den Beamten zu verhandeln. Währenddessen beteten viele in Neche für den Erfolg dieser Verhandlungen. Der nette Beamte in der Grenzstation war sehr gut über die Gesetze des Landes informiert. Er hörte sich die Geschichte an, sah dann freundlich die beiden Mädchen an und sagte mit einem amerikanischen Lächeln im Gesicht: „Da habe ich aber eine sehr gute Nachricht für Sie, meine Damen." Und das war nicht übertrieben. Die amerikanische Regierung hatte gerade im Frühling (1934) ein Gesetz verabschiedet, das jedem in den USA lebenden Staatenlosen die Möglichkeit in Aussicht stellte, die amerikanische Staatsbürgerschaft zu beantragen. „Möchten Sie amerikanische Bürger werden?", fragte der Beamte, immer noch mit dem typischen Lächeln im Gesicht.

„Nichts lieber als das!", antwortete Mia prompt. Sie blickte dabei zu Susie hinüber. Diese aber sagte nichts und senkte ihren Blick zu Boden. Die sich so plötzlich ändernde Lage zwang sie, ihrem Vorhaben treu zu bleiben und nun alleine nach Paraguay zu reisen. Mia würde also eingebürgert und in den USA bleiben.

Für Susie kaufte Frau Regier, die nach drei Wochen Aufenthalt nach Neche zurückkehrte, ein schönes Brautkleid und Schuhe. Dann begleiteten Mia und Frau Regier zögernd Susie zur Bahn. Es war nicht ganz leicht, von einer Freundin Abschied zu nehmen, mit der Mia einen langen, schweren Abschnitt ihres Lebensweges gegangen war. „Grüß mir Peter", rief sie ihrer Freundin noch zu, als der Zug sich langsam in Bewegung setzte.

Weiter ins Magisterstudium

Mia kehrte mit Frau Regier zusammen nach Newton zurück. Diese hatte für den Herbst des Jahres 1934 ihre eigene Hochzeit geplant. Nun gab es vieles vorzubereiten. Parallel dazu bewarb sich Mia in Minneapolis an der viertgrößten amerikanischen Universität, der University of Minnesota, für ein Magisterstudium in Sprachwissenschaften. Nach längeren Überlegungen und vielen anregenden Gesprächen mit Freunden und ehemaligen Lehrern in Newton hatte sie sich für diesen Weg entschieden. Frau Regier sagte ihr zu, die jährliche Studiengebühr von etwa 100 Dollar aufzubringen. Für ihren Unterhalt musste sie selbst sorgen.

Natürlich war ein solcher Schritt ein großes Wagnis. Mia, das schüchterne Mädchen vom Kuban in Russland, im Magisterstudium an einer weltberühmten Universität! Allein in der Großstadt ohne irgendwelche Freunde und Bekannte – allein der Gedanke daran ließ Mias Herz erzittern. Aber die Chance wurde ihr geboten, und Gott, ihr treuer Wegbegleiter, schien wieder einmal alles in diese Richtung zu lenken. Nicht zuletzt deshalb wagte Mia den Schritt. Sie bewarb sich und wurde auch angenommen. Susies Bruder, Abram Penner, bei dem sie gleich nach ihrer Ankunft in Amerika zwei Monate gelebt hatte, holte sie vom Bahnhof ab und brachte sie auf ihr Bitten hin zu einer anderen, ihm bekannten französischen Familie, die ein Zimmer zu vermieten hatte. Die Familie war katholisch und sehr freundlich. Nur fehlte Mia die geistliche Gemeinschaft mit ihnen. Dazu war die Wohnung sehr weit von der Universität entfernt und unangenehm kalt. Doch Mia hatte in ihrem Leben gelernt, mit dem Wenigen, das sie hatte, zufrieden zu sein.

Bald lernte sie auch zwei mennonitische Lehrerinnen, Lydia und Käthe Regier, kennen. Sie waren sehr gastfrei und öffneten ihr Haus für Mia. Jetzt hatte sie einen Platz, wo sie sich bei Borscht und Zwieback wie zu Hause fühlte. Zusammen unternahmen die drei ledigen Frauen viel. Vor allem besuchten sie zusammen die Erste Baptistengemeinde in Minneapolis, eine Gemeinde, in der Mia geistlich viel lernte und deren Sonntagschule sie besonders schätzte.

Auch im Studium ging alles gut voran. Mia hatte sich entschieden, statt sofort ins Magisterprogramm einzusteigen, erst einmal einen weiteren Bakkalaureatsabschluss zu machen, nämlich den Bachelor of Science (B.Sc.), weil man sie immer wieder fragte, was das wohl für eine Schule gewesen sei, an der sie ihren B.A. gemacht habe. Um weiteren Fragen auch später aus dem Wege zu gehen, holte sie im Laufe dieses ersten Jahres den genannten Abschluss erfolgreich nach. Im Frühling 1935 absolvierte sie zusammen mit weiteren 1500 Studenten. Frau Regier ließ es sich nicht nehmen und kam zu ihrer Abschlussfeier nach Minneapolis. Danach lud sie Mia ein, mit ihr zusammen nach Kanada zu reisen und dort die Sommerferien zu verbringen. Es wurde ein herrlicher Sommer.

Zum ersten Mal nach Jahren betrat Mia ein Haus ihrer Angehörigen. Anna und auch David sowie ihre Familien taten alles, um es ihr so schön wie nur möglich zu machen. Und das trotz aller Armut, in der die Familien lebten. Mia genoss diese Zeit im Kreise der Familie. Immer wieder sahen sie sich gemeinsam die wenigen Familienfotos an, die ihre Geschwister, welche noch legal aus der Sowjetunion ausgewandert waren, mit nach Kanada gebracht hatten. Oft beteten sie dann zusammen für die Eltern und Geschwister, die immer noch an der Wolga lebten. Hans lebte zwar mit den Eltern zusammen, durfte dies allerdings niemand sagen, weil sonst sein Studium an der Medizinischen Hochschule in Saratow gefährdet wäre. Nur schemenhaft konnte man den wirklichen Zustand der Familie in Russland erahnen, sehr zum Leidwesen von Anna.

„Glaube mir, Anna, sie können wirklich nicht mehr schreiben. Wenn sie es doch tun, dann gefährden sie den kompletten Kontakt zu uns“, belehrte Mia ihre Schwester, die sich darüber beklagte, dass ihr Vater nicht mehr und genauer schrieb.

„Du musst es ja wissen“, antwortete Anna ihr nur, „du warst ja mittendrin. Nur schade, dass wir selbst so arm sind und unseren armen Eltern nicht mehr helfen können.“ Dass weder Anna noch David über Mittel verfügten, um die Eltern zu unterstützen, wurde Mia bald klar. Ich muss ihnen also helfen, beschloss sie bei sich selbst. Diesen Entschluss hielt sie eisern durch - wie alles, was sie sich ganz fest zur Priorität im Leben machte.

Nach der Rückkehr nach Minneapolis suchte sich Mia zunächst eine neue Bleibe. Das kalte Zimmer bei den Franzosen und die fehlende Kommunikation war sie leid. Sie sah sich an der Universität um. Immer wieder konnte man hier im Aushang etwas Passendes finden. Nur diesmal hatte scheinbar niemand ein Zimmer frei. Dann erhielt sie doch einen heißen Tipp von einer Bekannten: Eine gewisse Miss Scotch nahm an der Universität Kurse in deutscher Sprache und suchte eine Assistentin. Sie war wohlhabend und hatte eine große Wohnung. Mia sprach die Dame an, und diese erklärte sich auch sofort einverstanden, sie zu sich zu nehmen. Für Unterbringung und Verpflegung half Mia ihr im Haus und unterrichtete sie privat in Deutsch. Bald stellte sich allerdings heraus, dass die Frau nicht nur sehr reich, sondern auch über alle Maßen geizig war. Mia war es besonders unangenehm, wenn es zu Szenen wegen einer angeblich zu üppigen Mahlzeit kam. So hielt sie nur ein Jahr bei Miss Scotch aus. Ganz zufällig lernte sie an der Universität eine gewisse Frau Evans kennen, die es sich offensichtlich zur Aufgabe gemacht hatte, so viele Studenten wie möglich zu verköstigen. Sie lebte ganz in der Nähe der Universität und suchte jemanden, der ihr beim Geschirrwaschen half und ab und zu für die Kostgänger kochte, wenn sie einen freien Tag hatte. Mia nahm ihr Angebot sofort an. Sie verrichtete die wenigen Aufgaben und durfte dafür kostenfrei bei Frau Evans wohnen und essen. Manchmal saßen bis zu 12 Studierende am großen Esstisch der freundlichen Frau Evans. Es gab viele anregende Gespräche, und Mia erinnerte sich gerne an die Zeit bei Marion, wie sie die nette Frau Evans bald nannte.

Die Universitätsnähe war für Mia in diesem dritten und letzten Studienjahr an der Universität von unschätzbarem Vorteil. Sie studierte Anglistik, Germanistik und Romanistik - ein ziemlich anspruchsvolles Studium. Nicht nur war sie angehalten, alle drei Sprachen Deutsch, Englisch und Französisch perfekt zu beherrschen. Sie wurde ebenso in die Geschichte, Kultur und Literatur dieser drei Weltsprachen eingeführt. Besonders Französisch bereitete ihr eine gewisse Mühe. Aber dann fand sie eines Tages einen bereits 72-jährigen Professor, der gerade begonnen hatte, Russisch zu lernen. Mia erklärte sich bereit, ihm dabei zu helfen, wofür er sie im Gegenzug in Französisch unterrichtete. So kam sie bald hervorragend voran.

Im Juni 1937 beendete Mia ihr Studium mit einer Arbeit über „Die Brautwerbe-Sagen in den deutschen und russischen Balladen". Feierlich überreichte man ihr das Magister-Diplom. Sie war nun mit ihrem Studium fertig und musste sich bald auch von der Stadt Minneapolis verabschieden. In den drei Jahren ihres Studiums hatte sie hier viele liebe Freunde gefunden. Um sich ein wenig Taschengeld zu verdienen, willigte sie ein, zu verschiedenen Anlässen Berichte über Russland zu geben und Vorträge zu entsprechenden Themen zu halten. Ihre Universität bot der Bevölkerung der Stadt laufend derartige Veranstaltungen an, und so bemühte man sich, die Professoren und Studenten für eine solche Vortragstätigkeit zu gewinnen. Die 72-jährige Mrs Pearce, Dekanin für Frauen an der Universität, organisierte solche Vorträge. Mia wurde bald oft und gerne eingeladen. Ihr sachlicher Vortragsstil kam in Kirchen wie auch in den eher geselligen Runden der Amerikaner an. Allein in der Stadt Minneapolis hielt sie in den drei Jahren über 150 Vorträge. Mit dem Honorar besserte sie ihr Taschengeld auf und schickte dafür regelmäßig Pakete zu den Eltern nach Russland. Nur dank dieser Hilfe konnten diese wohl in den schweren Hungerjahren, die das Wolgagebiet in den Dreißigerjahren heimsuchten, überleben. „So wie Joseph einst nach Ägypten gekommen war, um seine Familie zu ernähren, so war ich in den Staaten gelandet, von wo aus es mir möglich war, unseren Angehörigen zu helfen", schrieb Mia in ihren Lebenserinnerungen.

„Deutsche Dozentin wird nicht gebraucht"

Mia hatte nun ihr Magisterexamen, das sie berechtigte, nicht nur an einer allgemeinbildenden Schule, sondern auch an einem College zu unterrichten. Um eine solche Dozentenstelle bewarb sie sich nun bei mehreren Schulen. Es dauerte ein wenig, bis sie die erste Antwort erhielt. Das Angebot kam aus einem Junior College aus Waukon im Staat Iowa. Dort brauchten sie eine Dozentin für Deutsch, und Mia schien für sie die richtige Person zu sein. Der Präsident des Colleges besuchte gerade Minneapolis und lud Mia zu einem Vorstellungsgespräch in ein Hotel der Stadt ein. Schnell und selbstbewusst betrat Mia an besagtem Tag das Hotel. Sie war für diesen Gang schon an der Universität berühmt geworden. Natürlich hatte sie auch ihre Ängste und Sorgen. Aber wie immer übergab sie auch dieses Mal alles in Gottes Hand. Er, der sie Schritt für Schritt durchs Leben geführt hatte, würde sie bestimmt auch hier nicht fallen lassen. Und gerade dieser selbstbewusste Gang war es dann am Ende, der den Präsidenten davon überzeugte, die junge Frau zu nehmen. Wenigstens gab er es ihr so später weiter.

Waukon war ein kleines, verträumtes Städtchen mit etwa 2000 Einwohnern im Herzen Iowas. Dies war eine herrliche Gegend. Manche Leute sprachen von diesem Flecken gar als der Schweiz Nordamerikas. Die Landschaft war hügelig und in enge Täler zerklüftet, und Waukon war von herrlichen Ahornwäldern umgeben.

Mia bezog Quartier im Haus eines Bankiers mit dem Namen Megorden. Seine Frau war Deutsche, mit der sich Mia bald eng befreundete. Die stille, konservative Kleinstadt gefiel Mia auf Anhieb. Die meisten ihrer Kollegen waren ebenfalls bekennende Christen und besuchten eine der vielen Kirchen der Stadt. Auch Mia schloss sich bald einer kleinen Baptistengemeinde an. In Waukon lebten außerdem viele Deutsche und bekleideten entscheidende Ämter in der Stadt, was die Bedeutung des Deutschunterrichts am College unterstrich. So fand Mia bald eine Reihe von Familien, mit denen sie engeren Kontakt pflegte.

Der Unterricht an der Schule nahm sie besonders im ersten Jahr stark in Anspruch. Sie wurde gebeten, außer Deutsch auch Englisch und Psychologie zu unterrichten. Die anderen Lehrer halfen dabei der jungen und noch völlig unerfahrenen Kollegin, wo immer sie konnten. Überhaupt war das kollegiale Miteinander sehr gut. Die ledigen Kollegen verbrachten sehr viel Zeit zusammen. Immer wieder veranstalteten sie Partys, zu denen auch Mia eingeladen wurde. Dabei fiel sie bald durch ihre sehr konservative Haltung auf. Sie spielte nie Karten und tanzte auch nicht. Ihre Kollegen wunderten sich zwar darüber, respektierten aber ihren Entschluss. Zu zwei Kollegen baute Mia bald eine besonders enge Beziehung auf. Beide waren deutscher Herkunft: Herr Merkle und Anna-Ruth, die später einen Herrn Walker heiratete. Anna-Ruths Vater war lutherischer Pastor und tief gläubig. Nicht zuletzt deshalb fühlte Mia sich in diesem Hause besonders willkommen und verbrachte hier viele freie Stunden.

Bald hatte sich die Kunde von der jungen Deutschdozentin am College, die aus der Sowjetunion entflohen war, weit über Waukon verbreitet. Und wieder wurde Mia eingeladen, Vorträge über die Situation in Russland zu halten. Sie hatte sich eigentlich vorgenommen, keinerlei Vortragseinladungen mehr anzunehmen. Sie war jetzt Bürgerin der USA, hatte ihr regelmäßiges Einkommen und war bereits nach dem ersten Arbeitsjahr in Waukon schuldenfrei. Ihr Gehalt reichte aus, sowohl die Schulden bei ihren Geschwistern in Kanada zu tilgen, als auch das Darlehen vom Bethel College zu begleichen. Aber der Präsident des jetzigen Colleges bat sie mehr oder weniger, die Einladungen anzunehmen. Eine solche Tätigkeit könnte nur gut für die Schule und auch für das Land selbst sein, meinte er. So nahm Mia bald wieder ihre Vortragstätigkeit auf. Diese führte sie bis in die entlegensten Winkel des Staates Iowa. Sie sprach in Kirchen, Klöstern, Clubs und sogar vor politischen Parteien. Überall bezeugte sie auch ihren Glauben an Gott. Und so geriet manch eine Veranstaltung zu einer Art Evangelisation. Mias Vorträge waren immer auch zugleich Zeugnis. Sie berichtete von der Situation an den Hochschulen in Russland und der Unmöglichkeit, als bekennender Christ zu studieren, sowie eben auch über ihre Flucht über den Amur. Wie gebannt saßen die Menschen da und lauschten dieser etwas ernst dreinblickenden Frau. Ihre Worte hatten Tiefe und wirkten wohl sehr überzeugend.

Im Frühling 1939 änderte sich die Atmosphäre in der kleinen Stadt plötzlich. In Europa bahnte sich der Zweite Weltkrieg an. Die Deutschen, die ihre Nachbarländer massiv bedrohten oder schon besetzt hatten, waren in aller Munde. Offen brachte man nun deutschstämmigen Menschen in Waukon Verachtung entgegen. Auch Mia bekam diesen Umschwung von Gefühlen zu spüren. Sie hatte aus ihrer deutschen Abstammung nie einen Hehl gemacht, wenn sie auch aus Russland kam und inzwischen amerikanische Staatsbürgerin war. Sie war geradezu stolz darauf, Deutsche zu sein. Jetzt wurde ihr das übelgenommen.

Gegen Ende des Semesters holte der Präsident Mia in sein Büro und teilte ihr traurig mit, dass er es wohl nicht mehr verantworten könne, sie weiter an der Schule zu beschäftigen. Als Deutsche sei sie in Waukon nicht willkommen: „Eine deutsche Dozentin wird hier nicht mehr gebraucht." Geschwister der örtlichen Baptistengemeinde, die Mia besuchte, waren über die Entlassung empört. Sie rieten Mia, gegen diese Entscheidung zu klagen und die Schulbehörde dazu zu zwingen, sie wieder einzustellen, da sie ja auch andere Fächer unterrichten konnte. Doch Mia schwieg. Sie trug diese für sie unerwartete Wende mit Fassung und überließ die ganze Angelegenheit lieber ihrem Gott. Er sollte sich um ihr Recht kümmern.

Natürlich verstand sie nicht, warum gerade sie wieder einmal gehen musste. In Russland war sie entlassen worden, weil sie eine Kulakentochter und christusgläubig war – in Amerika entließ man sie, weil sie deutschstämmig war. Hatte sie je ein Wort zur Verteidigung des Nationalsozialismus gesprochen? Nein, natürlich nicht. Man entließ sie trotzdem. Sie konnte es nicht verstehen, aber Gram und Bitterkeit empfand sie nicht. Gott war ihr Zeuge und auch ihr Herr. Er hatte bestimmt schon den nächsten Schritt für sie durchdacht. Still übergab sie ihm diese Angelegenheit und empfand Frieden darüber.

Einige Zeit nach dieser Entscheidung erhielt sie einen Brief von ihren alten Freunden Plank aus Minneapolis. Sie hatten vor, den Sommer über zu verreisen, und luden Mia ein, diese Zeit in ihrem Haus zu verbringen. Auch Anna Klassen schrieb ihr, dass sie vorhatte, nach Minneapolis zu kommen und dort an der Universität einen Fortbildungskurs zu belegen. Es traf sich also gut. Mia packte ihre Sachen und verließ Waukon mit Semesterschluss in Richtung Minneapolis.

Kapitel 7

Ehefrau und Mutter

Mia war nun dreißig Jahre alt und unverheiratet. Sie hatte in ihrem Leben viele Gelegenheiten zur Heirat ausgeschlagen. Sie wollte studieren, und Männer stellten dabei für sie die größte Nebensache der Welt dar. Jetzt aber war sie arbeitslos geworden, und Aussichten auf eine Anstellung als Germanistin schien es kaum zu geben. So geriet sie erneut ins Nachdenken über ihre persönliche Zukunft. In ihren späteren Lebenserinnerungen schrieb sie: „Jetzt, wo ich dreißig Jahre alt war, meine Arbeitsstelle verloren hatte und kein eigenes Heim hatte, fing ich an, über meine Zukunft nachzudenken. Ich war es müde, meine Füße immer nur unter fremde Tische zu stecken, es wäre schön, ein eigenes Heim zu haben. Ich fing an, diese Angelegenheit im Gebet vor Gott zu bringen und mein Gebet lautete ungefähr so: ‚Lieber Gott, wenn du es bestimmt hast, dass ich lebenslang Lehrerin sein soll, so soll es mir recht sein. Ich will mich dann bemühen, eine gute Lehrerin zu sein. Hast du es aber bestimmt, dass ich heiraten soll, dann schicke du mir den Mann für mich. Damit ich ihn lieben kann, muss dieser Mann aber drei Eigenschaften haben. Er muss dich auch lieb haben, zweitens muss er äußerlich und innerlich rein sein und drittens muss er fleißig sein, denn nichts ist mir so abstoßend wie ein fauler Mensch.'"

Mia ahnte nicht, wie schnell Gott ihr Gebet erhören würde. Wenige Wochen später saß sie mit Anna Klassen im Gottesdienst der deutschen Baptistengemeinde am Ort, zu der auch viele Mennoniten aus Russland gehörten. Zu Mittag wurden sie von einer Familie Regier eingeladen, die auch erwähnten, dass sie eine alte Lehrerin aus Russland, Frl. Thielmann, zum Kaffee erwarteten. Dann meldete sich Frl. Thielmann aber kurz nach dem Mittagessen und teilte mit, sie habe selbst einen Gast bekommen, einen gewissen Abe DeFehr aus Winnipeg. Sie wolle den jungen Mann nun nicht allein zu Hause lassen und würde daher nicht kommen. Jetzt begann das für Mennoniten so typische Kenn-Ich-Dich-Sind-Wir-Verwandt?-Spiel. Dabei stellte sich heraus, dass Herr Regier den Vater des Gastes, Abram DeFehr, noch in Russland getraut hatte und nun unbedingt den jungen Mann kennenlernen wollte. Bald schon saßen die Regiers im Auto und nahmen auch Mia und Anna mit zur Wohnung von Frl. Thielmann.

Der junge Mann aus Manitoba stellte sich als Abe DeFehr vor. Er war 29 Jahre alt und arbeitete als Angestellter in einem Safeway-Supermarkt in Winnipeg. Jetzt war er auf der Durchreise zur Weltausstellung nach New York und hatte danach noch vor, in Kitchener in Ontario seine Schwester zu besuchen. In Toronto hoffte er auf eine Anstellung bei Safeway, um einmal in einer anderen Stadt zu leben und zu arbeiten.

Mia war überrascht, in Abe einen alten Bekannten zu treffen. Er war mit seinen Eltern nach der Revolution in den Kuban geflohen, und sie konnte sich noch lebhaft daran erinnern, als Kind mit Abram gespielt zu haben. Beide tauschten ihre Erinnerungen aus. Und auf einmal ging Mia der Gedanke durch den Kopf: „Dies wäre ein passender Mann für mich. Den könntest du heiraten. Der ist fromm, sauber und sicherlich auch fleißig." Natürlich wies sie den ungewohnten Gedanken sofort von sich, doch als Abe dann fragte, ob jemand ihm am nächsten Tag die Stadt zeigen könne, bot sich Mia als Fremdenführerin an.

Der nächste Tag war ein Feiertag, und es gab keinen Unterricht. Sie konnte ungehindert dem Gast die Stadt zeigen. Anna wollte nicht mitgehen, und so hatten die beiden jungen Leute viel Zeit miteinander. Mia zeigte Abe zuerst die Universität und erzählte dabei von den Jahren ihres Studiums. Dann führte sie ihn zum Como-Park mit den vielen Attraktionen, wobei Abe sie einlud, mit ihm Boot zu fahren. Es war ein rundum gelungener Tag, und als sie am Abend in Planks Wohnung kamen, hatte Anna das Abendessen fertig. Nach dem Abendbrot begleiteten die beiden Freundinnen den Gast zum Busbahnhof. Er hatte sich in Minneapolis einen größeren Koffer gekauft und ließ seinen kleinen bei den Mädchen zurück. Mia versprach ihm, diesen zwei Wochen später zum Busbahnhof zu bringen.

Es waren aufregende zwei Wochen. Immer wieder musste sie an den hochgewachsenen, gutaussehenden Mann denken. Am Anfang versuchte sie, den Gedanken an Abe ganz von sich zu weisen, aber dann beschloss sie doch, auch diese Angelegenheit in Gottes Hand zu legen. Erst jetzt wurde sie ruhig.

Zwei Wochen später ging sie zum Bahnhof und traf Abe DeFehr, wie abgemacht, an der vereinbarten Stelle. Er hatte seine vierjährige Nichte, Lorchen Ewert, mit. Sie gingen in einen Park, aßen Eiskrem und unterhielten sich über Abes Reise. Er hatte tatsächlich eine Anstellung in Toronto erhalten und wollte nun in zwei Wochen mit seinem eigenen Wagen dahin umziehen. Gerne würde er noch einmal bei Mia vorbeikommen, wenn sie nichts dagegen habe, meinte er. Sie hatte nichts dagegen. Ob er sie auch nach Chicago mitnehmen würde, fragte sich Mia. „Wenn ich keine Anstellung als Deutschlehrerin mehr bekomme, dann muss ich umschulen", meinte sie. In Chicago wollte sie sich dann am „Business College" einschreiben und parallel dazu Kurse an der berühmten Moody-Bibelschule besuchen. Abe versprach ihr, sie mitzunehmen, lag die Stadt doch auf seinem Weg.

Auch diese zwei Wochen verstrichen im Nu. Mia fand immer noch keine Anstellung, sodass sie sich entschloss, mit Abe, seiner Schwester Anna und der kleinen Lore nach Chicago mitzufahren. Mia hatte zunächst vor, kurz bei einer guten Bekannten einzukehren und sich dann eine Wohnung in der Stadt zu suchen. Bei dieser Bekannten sah Abe ein Buch, das ihm sehr gefiel. Er wollte sich das Buch gerne selbst kaufen. Deshalb schrieb Mia ihm den

Titel des Buches auf, steckte den Zettel in einen Briefumschlag – und legte noch ihr Bild dazu, bevor sie sich in Chicago verabschiedeten.

Als Abe dann in Toronto einige Tage später an den Zettel dachte, da fiel ihm das Bild sofort auf. Mia schien ihm damit einen Wink zu geben. Er hatte sich eine Freundschaft mit dieser hübschen, aber doch etwas streng wirkenden jungen Dame nicht einmal wünschen können, so unnahbar erschien sie ihm. Und jetzt das! Er betete darüber und schrieb Mia bald einen Brief, in dem er sie fragte, ob sie sich nicht schreiben wollten. So begann eine rege Korrespondenz zwischen den beiden.

Währenddessen fand Mia eine Wohnung bei einem baptistischen Ehepaar, das sich zwar nicht gerade durch seinen Lebenswandel hervortat, aber Mia kostenlos Verpflegung und Quartier anbot, wenn sie dafür den Haushalt machen und Mahlzeiten kochen würde. Sie willigte gerne ein. Dann begann das Studium am Business College, doch schon ein halbes Jahr später gab Mia die Ausbildung zur Sekretärin auf. Nein, diese Arbeit wollte sie keineswegs befriedigen. Dafür aber machte ihr das Studium an der Bibelschule große Freude. Parallel dazu nahm sie wieder ihre Vortragstätigkeit auf. Die Einladungen dazu kamen von selbst. Man honorierte sie auch gut, sodass sie finanziell keine Not litt.

Kurz vor Weihnachten 1939 erhielt Mia eine Einladung von Abe, nach Toronto zu kommen und ihre Weihnachtsferien bei ihm zu verbringen. Mias Freundin Irene Tauber war gerade bei ihr zu Gast, und so besprach sie diese Angelegenheit mit ihr. Die Sache schien klar: Würde Mia nach Toronto reisen, so endete der Aufenthalt vermutlich mit einer Verlobung. Warum sonst würde Abe sie einladen und dazu noch die Fahrkarten für die Reise bezahlen? Mia musste sich entscheiden. Und sie tat es nach vielem ernsthaftem Gebet. Sie schlug also alle anderen Einladungen aus und fuhr tatsächlich nach Toronto, Ontario.

Abe holte sie vom Bahnhof ab. Mia erwartete eigentlich schon am Bahnhof eine Liebeserklärung von ihm, Blumen oder Küsse. Aber nichts dergleichen. Abram war sehr freundlich, höflich und, wie es sich eben für einen noch fremden Mann gehört, etwas distanziert. Er brachte Mia zu ihrem Quartier, und erst jetzt sprach er sie auf seine Gefühle ihr gegenüber an. Dann bat er sie darum, seine Frau zu werden. Für die sachlich gesonnene Mia war seine Art, ihr den Hof zu machen, ein besonderes Geschenk. Nein, ihr Abram war kein Draufgänger. Er hatte sich seine zukünftige Ehe wohl doch reiflich überlegt. Freudig gab sie ihm ihr Jawort. Erst jetzt nahm er sie zum ersten Mal in den Arm. Später führte er sie seinen Bekannten in Toronto als seine Braut vor. Und am Abend fuhren sie nach Kitchener zu Abes Schwester. Hier, unter dem strahlenden Weihnachtsbaum, wurde nun die Verlobung gefeiert.

Eine Entscheidung für die Familie

Am 17. August 1940, am gleichen Tag, an dem auch Mias Eltern geheiratet hatten, fand die Hochzeit in Winnipeg, Manitoba, statt. Es war eine schöne Feier. Sie fand im Gemeindehaus der Nordend Mennoniten-Brüdergemeinde statt. Der alte Prediger Abram Peters hielt die Traupredigt über den Text aus 1. Korinther 13. Er sprach über die Liebe, die nur dann Erfolg im gemeinsamen Leben verspreche, wenn sie sich an Gottes Gebot halte und dem Individualismus entgegenwirke. So und nicht anders sollten die beiden ihr gemeinsames Leben aufbauen, sonst würde aus der Gemeinsamkeit nur Einsamkeit. Es war eine gute und in die Tiefe gehende Predigt. Auch das übrige Programm ließ sich sehen. Anders als in den USA feierte man hier in Winnipeg die Hochzeiten noch nach der Art der „Russländer". Es gab ein reichhaltiges Mahl und nachmittags ein buntes Programm. Anna, Mias Schwester, hatte wohl sehr viel aus dem Nähkästchen geplaudert, denn viele Szenen und Gedichte förderten Mias Schabernack aus der Jugend ans Tageslicht.

Zur Hochzeit waren viele Freunde aus den USA angereist. Man musste für sie sogar einen Dolmetscherdienst einrichten, da der Gottesdienst und die Feier in Deutsch stattfanden und viele der angereisten Amerikaner kein Deutsch verstanden. Und doch gefiel ihnen die Hochzeit sehr.

Bald nach der Hochzeit zog das junge Paar in eine kleine Zwei-Zimmer-Wohnung in Portage la Prairie, einer kleinen Stadt 84 km westlich von Winnipeg, direkt am Transkanada-Highway gelegen. Abe hatte seinen Arbeitgeber gebeten, ihm eine Stelle in Winnipeg zu geben, aber die Safeway-Direktion hatte in diesem Jahr keine offenen Stellen dort. Man bot ihm jedoch für ein Jahr eine passende Stelle in Portage an, und es wurde ein ganz schönes Jahr für die beiden Jungvermählten. Sie mussten sich gemeinsam in einer für beide fremden Gegend einleben und neue Freunde gewinnen. Abes Arbeit erlaubte es eher selten, einen Ausflug nach Winnipeg zu machen. Deshalb bemühten sie sich beide, in Portage la Prairie so heimisch wie möglich zu werden. Hier gab es allerdings keine Mennoniten, doch auch das erwies sich bald als Vorteil. Abe und Mia hatten in der Tat viel Zeit füreinander.

Eine Arbeitsstelle suchte sich Mia nun nicht mehr. Zu ihrem Schwiegervater sagte sie einmal, als dieser sie ermutigte, doch auch eine Stelle zu suchen und ihrem Mann zu helfen: „Ich bin zweiunddreißig Jahre alt und möchte mehrere Kinder haben. Es ist Zeit, dass ich damit anfange. Ich werde mich aber nach Abes Einkommen richten und nie über Knappheit murren.“

Zu lebendig waren ihr noch die Bilder von Müttern vor Augen, die vor lauter Geldverdienen keine Zeit für ihre Kinder hatten und diese daher auch keine gute Erziehung bekamen. Mia wollte es auf jeden Fall anders machen. Dass ihre Freunde und Bekannten das nicht verstanden, störte sie nur wenig. In ihren Augen und von ihrem Bibelverständnis her gehörte die Mutter in die Familie und nicht auf eine Arbeitsstelle. So war sie nun einmal. Was sie einmal erkannt hatte, das setzte sie auch durch. Da durften weder andere Stimmen noch eigene akademische Ambitionen stören. Und ihr Mann? Abe war mit ihrem Entschluss einverstanden und nahm sie, wo immer er konnte, in dieser Frage in Schutz.

Eine weitere Entscheidung traf Mia für ihr Leben, von der sie später sagte, dass sie ihr viel Mühe im Leben ersparte. Als sie ihrer Schwester Anna mitteilte, dass sie sich mit Abe verlobt hatte, sagte diese zu ihr: „Versuche nicht, ihn zu verändern. Nimm ihn so, wie er ist, oder lass ab von ihm!“ Diesen Rat nahm Mia an und überließ es dem Herrn, Abe so zu verändern, wie er es für richtig hielt – gerade auch da, wo ihr Mann Seiten aufwies, die ihr ganz und gar nicht gefielen. Mia schreibt dazu: „Ich habe es später erkannt, dass es sich schlecht ausgewirkt hätte, hätte ich versucht, ihn nach meinem Geschmack zu verändern. So war er nicht in meiner, sondern in des Herrn Schule, und ich hatte dadurch einen liebenden, rücksichtsvollen Ehegatten und einen guten Vater für unsere Kinder."

Am 8. Juni 1941 wurde ihr erster Sohn, Franz Albert, geboren. Mias Freude an diesem gesunden Jungen kannte keine Grenzen. Und wie ihr erstes, so nahm sie auch die nächsten drei Kinder Arthur, David und Irene auf. Diesen vier Kindern schenkte sie nun ihre ganze Aufmerksamkeit und Energie. In ihren Erinnerungen schreibt Mia: „Es war uns sehr darum zu tun, unsere Kinder richtig und gut zu erziehen. Wir sorgten für gute und nahrhafte Kost, damit sie sich körperlich gut entwickeln konnten, dann trachteten wir danach, auch ihrem Geist die nötige Nahrung zuzuführen, ihnen das nötige Wissen und eine gute Bildung zukommen zu lassen, und schließlich war es unser Bestreben, sie für das Gute und Edle und für den Herrn zu erziehen. Ich studierte Bücher über Kindererziehung und suchte den Rat erfahrener und einsichtsvoller Mütter."

Eine gute Ausbildung und ein tiefer, persönlicher Glaube an Gott – darum ging es Mia in ihrer Erziehung vor allem anderen. Alle Kinder besuchten die Schule und die meisten später die Universität. Alle vier gehörten auch bald zur Mennoniten-Brüdergemeinde. Um in ihrem Bemühen erfolgreich zu werden, setzte Mia ihre Kinder bewusst der Lektüre guter Bücher aus. Wichtig war ihr auch, dass die Kinder einen möglichst guten Einfluss von außen bekamen. Sie erinnerte sich gerne an ihr eigenes Elternhaus, wo Gäste zum alltäglichen Familienbild gehörten. Wie viel hatte sie damals von diesen interessanten Leuten lernen können! Jetzt, wo sie selbst Mutter war, verstand sie den erzieherischen Wert solcher Besucher. Also gehörten auch Gäste zum Alltag der DeFehrs. Besonders gerne luden sie Prediger und Missionare nach Hause ein. Deren Berichte und Zeugnisse wurden zu einer langfristigen Bereicherung für das Leben der Kinder.

Auch Abe nahm sich viel Zeit für seine Kinder. Geschickt wie er war, machte er ihnen Spielsachen, baute ihnen eine Rutsche und ging mit ihnen auch Schlittschuh laufen oder Schlitten fahren. Immer wieder nahm er seine Familie auf Reisen mit. Dabei fiel es gerade ihm bei den vielen Aufgaben in seinem Beruf nicht immer leicht, Zeit für die Kinder zu finden.

Nach einem Jahr in Portage war die junge Familie nach Winnipeg umgezogen, wo Abe ein eigenes Haus für die Familie baute. Dann kam der Krieg, und Abe wurde zum Militär einberufen. Als überzeugter Mennonit verweigerte er den Dienst an der Waffe. Man brachte ihn vor Gericht und verurteilte ihn dazu, monatlich zehn Dollar ans Rote Kreuz zu zahlen – damals eine nicht geringe Summe. Jetzt wurde das Geld im Hause DeFehr sehr knapp. Irgendetwas musste dringend unternommen werden. Natürlich hätte Mia aushelfen und Arbeit annehmen können. Frauen mit einer solch guten Qualifikation wie ihre waren gesucht und wurden gerne genommen. Doch Abe kannte die Einstellung seiner Frau: Sie wollte sich ganz den Kindern widmen. Nein, Mia sollte nicht arbeiten gehen. Er, Abe, musste also die Flucht nach vorn ergreifen.

Nach längerem Überlegen beschloss er, selbständig zu werden. Eines Tages fragte er Mia, was sie von einer solchen Idee halte. Sie kannte seinen Wunsch schon lange, hatte er doch auch genügend Erfahrung in der Leitung eines Geschäfts. „Wenn du es versuchen willst, so unterstütze ich dich darin voll und ganz", antwortete sie. Und auf seine Frage, was sie als Familie machen würden, wenn ein solcher Versuch misslänge, meinte sie: „Du wirst es schon schaffen, und wenn nicht, dann wird sich immer noch ein Ausweg finden. Es ist schon lange dein Wunsch gewesen, selbständig zu werden, und da ist es gut, dass du es versuchst. Das Risiko müssen wir auf uns nehmen. Ich will dich in allem unterstützen und ich zweifle nicht daran, dass dir dein Vorhaben gelingen wird."

So wurde das kleine Einfamilienhaus bald in eine Kleinmöbel-Produktions- und Lagerstätte umgewandelt. Abe verkaufte das Auto für 500 Dollar, kaufte für das Geld Maschinen zur Holzbearbeitung und begann am 25. September 1944 mit der selbständigen Arbeit, der Herstellung von Kleinmöbeln für Winnipeger Händler. Zwei Jahre lang diente nun jede erdenkliche freie Ecke im Haus entweder als Trockenraum für das Holz oder als Lagerraum für die fertige Ware. Und Geld? Geld gab es nicht viel. Aber Mia klagte nicht. Eindrücklich beschreibt sie die Situation im Haus, nachdem Abe es sich endlich leisten konnte, mit seinen Maschinen in einen Hühnerstall umzuziehen und auch alles andere Betriebsgut aus dem Wohnhaus zu räumen: „Es schien fast so, als sei das Haus jetzt leer, denn an Möbeln hatten wir nur ein altes Sofa, zwei Gartenstühle und in den Regalen standen etwa 200 Bücher. Eine Frau, die uns besuchte, sagte mal zu mir: ‚Du wäschst wohl gerade? – ‚Warum meinst du?', fragte ich. ‚Nun, weil du keine Gardinen an den Fenstern hast.' Da musste ich ihr sagen, dass ich gar keine Gardinen besaß. Mein Geschirr stand immer noch in den Äpfelkasten, die als Küchenschrank dienten. Wir hatten uns für 25 Dollar eine Waschmaschine gekauft, aber das Geld dazu von den Eltern geborgt, das wir ihnen dann in kleinen monatlichen Raten abzahlten. Es war gut, dass wir beide, Abe und ich, zu Hause und in unserem Leben das Sparen gelernt hatten und auch gelernt hatten, mit Wenigem zufrieden zu sein. Uns ging es viele Jahre sehr knapp, aber wir hatten immer das Notwendige zum Leben und immer genügend zu essen. Wir waren gesund und arbeitsfreudig und wir hatten uns lieb. Unser gemeinsamer Glaube an Gottes Führung und Durchhilfe war uns in allen Lagen des Lebens unsere Stärkung und unser Stern."

Schon wenige Jahre später zahlte sich diese Einstellung aus. Die DeFehrs brachten es zu Wohlstand und Ansehen. Abe wurde mit der Zeit zu einem der größten Möbelproduzenten Kanadas. Viel an seinem Geschäftserfolg hatte er Mia zu verdanken. Sie hatte selbst großes Geschäftstalent. Abe unterließ es nie, sich mit seiner Frau zu beraten. Und ihr Rat war ihm wertvoll, obwohl sie nie darauf bestand, dass er danach handelte. Ihre Rolle war die einer treuen „Gehilfin", so verstand sie sich und so lebte sie es bis in die letzte Konsequenz aus.

Die finanziellen Schwierigkeiten am Anfang ihres geschäftlichen Lebens hielten Abe und Mia jedoch nicht davon ab, regelmäßig ihren Zehnten für die Sache Gottes zu geben. Abe baute einen kleinen Kasten, den sie „Gottes Kasten“ nannten und in den der zehnte Teil ihres Verdienstes hineinkam. Es gab Zeiten, in denen sich das Ehepaar nicht einmal einen Müllkorb kaufen konnte, der gerade mal 19 Cent kostete, aber der Zehnte kam in den Kasten. Aus diesem Kasten unterstützten sie nun in aller Verantwortung die Sache Gottes. Sie wollten auf jeden Fall Gott in allem gehorsam sein, denn auf seinen Segen kam es im Leben und im Geschäft unbedingt an. Das hatten sie ja auch in der Art, wie sie ihre Entscheidung füreinander getroffen hatten, gesehen. Und dass er ihre Treue sah und sie segnete, konnte man bald mit Händen greifen.

KAPITEL 8

IM DIENST IHRES HERRN

Bald nach DeFehrs Umzug nach Winnipeg begann Mia, sich aktiv im Frauenmissionskreis der Nordkildoner Mennoniten-Brüdergemeinde zu beteiligen. Dieser Kreis wurde von Schwester Sawatzky geleitet, bevor er von einer Schwester Warkentin und auch von Mia selbst übernommen wurde, und wuchs schnell.

Jeden ersten und dritten Montagabend im Monat kamen die Frauen des Missionsvereins zusammen. Mia bestand darauf, dass bei aller Betonung der Hilfsaktion für die Notleidenden in der Welt doch die geistliche Entwicklung der Frauen absolute Priorität haben müsse. So wurde jede Stunde mit einer Wortbetrachtung begonnen, dann sang man zusammen und lauschte den Gesangs- und Gedichtbeiträgen der einzelnen Teilnehmerinnen. Bei jedem Treffen berichtete eine Frau aus ihrem eigenen Glaubensleben. Mia brachte oft ein Buch mit und stellte es den Frauen vor. „Sie hielt uns immer wieder zum Lesen an", erinnert sich Leni Goossen an die Vereinsleiterin. Und es dauerte nicht lange, bis einige der Frauen mehr lasen und sich selbst auf die Stunden vorbereiteten. Frau Goossen zum Beispiel hatte in ihrem Leben nicht lange die Schule besuchen können. Insgesamt waren es nur drei Jahre. Aber von Mia ermutigt, las sie bald viel und bereitete nicht nur ihre eigenen Wortbetrachtungen für den Verein vor, sondern schrieb sogar noch Beiträge für die anderen Frauen auf.

Um die Lesefreudigkeit der Frauen zu stärken, öffnete Mia eine halbe Stunde vor Vereinstreffen die Gemeindebibliothek. Niemand sonst tat das. War Mia aber anwesend, so konnte man sich auch sicher sein, dass die Bibliothek geöffnet war. Viele Bücher in dieser gut bestückten Lesestube waren von den DeFehrs gestiftet worden. Nur im Lesen würden die Frauen jene Welt des Wissens entdecken können, glaubte Mia, die ihren oft so engen Horizont erweitern und somit den schweren Alltag verschönern würde. Ob sie dabei auch an Fjodor Dostojewskijs berühmte Worte dachte: „Die Welt wird durch Schönheit gerettet."? Ihr war es auf jeden Fall sehr wichtig, die eintönige Welt ihrer Mitschwestern in der Gemeinde zu verschönern.

Die Arbeit des Vereins war gut durchorganisiert. Es gab jeweils ein Komitee fürs Programm, für Krankenbesuche und für die Wirtschaft der Gemeinde. Als aktive Mitarbeiterin war Mia überall dabei und wusste daher auch ziemlich gut Bescheid, wo und wie die Menschen in Nord-Kildonan Hilfe brauchten.

Eine Stimme der Notleidenden und Flüchtlinge

Mia setzte sich im Frauenverein vor allem für die Anliegen des Mennonitischen Zentralkomitees (MCC) ein. Sie fühlte sich diesem Hilfswerk zutiefst verpflichtet – war es doch das MCC gewesen, das ihre Ausreise nach den USA ermöglicht hatte. Ähnlich war das Werk auch jetzt noch um die vielen mennonitischen und anderen Flüchtlinge in der ganzen Welt bemüht. Und von denen gab es wohl nach den Wirren des Zweiten Weltkriegs nicht gerade wenige.

Die NKMB-Gemeinde richtete in ihrem Gemeindehaus eine MCC-Stube ein, in der die Frauen die gesammelten Kleider lagerten, durchsahen und dann auch absenderfertig verpackten. Nur selten fehlte Mia beim Verpacken der vielen Kleiderspenden.

Dreißig Jahre lang vertrat Mia so die Anliegen des MCC-Hilfswerks in ihrer Brüdergemeinde. Niemand hatte sie zu dieser Aufgabe berufen. Sie tat es einfach, weil es ihr ein Herzensanliegen war. Sie organisierte Frauen in der Gemeinde, die Kleider sammelten, nähten und ausbesserten. Einige dieser Frauen zeigten einen bemerkenswerten Einsatz. Da war zum Beispiel Frau Dirks, die acht Kinder zu Hause zu versorgen hatte, aber dabei treu ihre Aufgaben für das Hilfswerk wahrnahm. Als Mia sie eines Tages fragte, warum sie sich so einsetze, antwortete Frau Dirks: „Wenn ich jetzt nichts für die Sache des Herrn tun kann, wann werde ich es dann tun können? Wenn ich alt und schwach bin? Ich muss heute für diese Sache Zeit und Kraft finden." Frauen wie Frau Dirks mussten für die Sache gewonnen werden. Mia tat dies vor allem durch ihr persönliches Beispiel. Ja, sie war von Natur aus eine begnadete Leiterin. Ihre Aufmerksamkeit galt besonders den vielen Einwanderern nach Kanada.

Viele von diesen Menschen waren wie sie einmal aus der Sowjetunion geflohen und dann über Deutschland und eines der lateinamerikanischen Länder - vor allem Paraguay - nach Kanada gekommen. Sie waren gewöhnlich arm, sprachen kein Englisch und sahen sich auch sonst mit einer Fülle von Problemen konfrontiert. Mia sprach mit diesen Familien und wurde bald für manche von ihnen zum helfenden Anker.

Das „soziale Gewissen" im Betrieb des Mannes

Bald schon waren Hunderte von diesen Familienvätern als Arbeiter in den Fabriken der Firma ihres Mannes angestellt. Sobald einer dieser Arbeiter Trauer trug oder ein Unglück in seiner Familie zu beklagen hatte und Mia DeFehr dies zu Ohren kam, setzte sie sich sofort in Bewegung und tat alles, um den Betreffenden zu helfen. Peter Reimer, der 1957 bei Abe DeFehr begann und ab 1967 als Betriebsleiter in der Firma tätig war, erinnert sich noch gut an die vielen Begebenheiten, die kleinen und die großen, die auf Mias Initiative hin im Betrieb entstanden.

„Manchmal rief sie mich und erzählte mir dann lang und breit von der neu nach Winnipeg gekommenen, kinderreichen Immigranten-Familie und dass sie in bitterer Not seien, weil der Familienvater keine Arbeit finden könne. ‚Und deshalb', schloss sie dann ihren Bericht, ‚wird er wohl morgen bei Palliser (DeFehrs Betrieb) anfangen müssen.' Argumente, dass wir doch keine freien Arbeitsplätze hätten, halfen alle nicht. Am nächsten Morgen stand der Mann vor meiner Tür, und ich musste zusehen, wie ich für ihn eine Arbeit fand. Nicht selten entdeckte der Chef dann einen solchen neueingestellten Mann ein paar Tage später und wunderte sich nicht schlecht, dass man wieder einmal ohne sein Wissen gehandelt hatte. Aber er revidierte die Entscheidungen seiner Frau nie." Vor allem wohl deshalb, weil Mia nie kopflos handelte.

Sie schien auch den Betrieb und vor allem die Menschen bei Palliser sehr gut zu kennen. Oft nahm sie an den Betriebsandachten teil, die man in der Firma jeden Mittwoch von 8.00–8.30 Uhr abhielt. Peter Reimer war für diese Andachten zuständig. Er wusste nur zu gut, welch hohes Ansehen Mia bei den Arbeitern des Werkes genoss, und bat sie deshalb immer wieder, an den Andachten teilzunehmen, aus ihrem persönlichen Leben zu berichten und mit den Arbeitern zu beten, was sie auch überaus gerne tat.

Ganz besonders wichtig waren für sie die jährlichen Feste in der Firma, so zum Beispiel die Weihnachtsfeier. Mia war immer dabei, und jeder der vielen Hundert Mitarbeiter wurde von ihr mit einem warmen Wort des Zuspruchs bedacht. Lydia Reimer erinnert sich, wie gerne sie und die anderen Ehefrauen der Firmenarbeiter sich auf diese Weihnachtsfeiern vorbereiteten. Es wurde gebacken und gekocht. Jeder trug etwas zum Gelingen des Festes bei. Auch Mias Kinder und Schwiegerkinder waren bald mit von der Partie. Nach der Heirat von Art, Mias zweitem Sohn, war es die musikalisch begabte Schwiegertochter Leona mit ihrem Schifferklavier, die mit zur Freude und Begeisterung bei diesen Feiern beitrug.

Man kann wohl mit Recht sagen, dass Mia sich mit der Zeit zu jener fürsorglichen Betriebsmutter entwickelte, die ein christlicher Familienbetrieb dringend braucht, wenn man an der einmal begonnenen Familientradition festhalten möchte. Laut L. Reimer war sie das soziale Gewissen der Firma. Und fürsorglich war sie wahrhaftig. Erfuhr sie zum Beispiel, dass einer der Arbeiter zu Hause keinerlei Möbel hatte, dann war es sicher, dass sie den Betriebsleiter Peter Reimer beauftragte, das Problem dringend zu lösen. Sie gab solange keine Ruhe, bis ein Lkw mit Möbeln das Firmengelände in Richtung der Wohnung des Betroffenen verließ.

Keine Arbeit war Mia zu viel

Ähnlich verfuhr sie auch mit Menschen in ihrer Nachbarschaft: Eines Tages hörte sie von Olga Reimer, dass eine Familie Chandler mit neun Kindern in der Nachbarschaft eingezogen war und unsagbare Not litt. Die Eltern waren geistig behindert und hatten anscheinend auch einige Kinder im gleichen Zustand. Mia besuchte zusammen mit Olga diese Familie, obwohl die Chandlers einen solchen Besuch ausdrücklich ablehnten. Sie bat Olga, die Eheleute in ein Gespräch zu verwickeln, während sie selbst sich einmal gründlich im Haus umsah. Es war ein kleines Haus, und aus jeder Ecke sprach Elend. Sofort aktivierte sie Hilfe, damit es den Kindern besser ginge, und das trotz des massiven Widerstands des Ehemannes. Denn wenn Mia sich vornahm zu helfen, dann gab es nicht so schnell ein Zurück. So auch hier. Sie reinigte das Haus und die Kinder und kehrte die Woche darauf und dann Woche für Woche als Putzhelferin in das Haus zurück. „Bis heute ist uns dieser selbstlose Einsatz von Mia ein großes Beispiel", sagte Lydia Reimer, die Mia gut aus der gemeinsamen Zeit in der NKMB-Gemeinde kannte. „Sie hatte zu Hause eine angestellte Putzkraft und hatte es nun wirklich nicht nötig, den Dreck dieser Leute fortzuräumen. Aber sie tat es mit großer Treue und Hingabe."

Eines Tages schlug Mia Herrn Chandler vor, sein kleines Haus zu erweitern. Um seine Skepsis zu nehmen, unterschrieb sie ihm ein Versprechen, dass ihn der fällige Anbau kein Geld kosten würde. Dann ging sie die örtlichen Gemeinden und Geschäftsleute an und bat um Hilfe. Bald schon war der Anbau fertig, und kein geringerer als ihr eigener Mann, Abram DeFehr, stand in einer Reihe mit anderen Helfern und baute mit, während Mr Chandler selbst kaum Notiz von dem ganzen Geschehen nahm. Als dann einige Tage nach der Fertigstellung des Hauses der Firmen-Lkw mit neuen Möbeln vor der Tür hielt, ärgerte der Mann sich sogar noch darüber, dass man ihn beim Fernsehen störte.

Aber all das entmutigte die Hilfsbereitschaft Mias nicht. Geradezu umgekehrt. Jahrelang betreute sie mit ihren Freunden Olga und George Reimer die fünf gesunden Kinder der Familie, gab ihnen Arbeit und suchte sie mit allen erdenklichen Mitteln zu fördern. Ja, die Familien DeFehr and Reimer pflegen bis heute Kontakt zu einigen der Chandler-Kinder. Es vergeht wohl keine Woche, ohne dass einer der Chandlers bei einem der Wohnhäuser von Mias Kindern auftaucht und seine Hilfe für entsprechende Belohnung anbietet. Heute sind es bereits die Enkelkinder von Mia, die sich dieser Menschen annehmen. Eine beeindruckende Familientradition, begonnen von einer bemerkenswerten Frau!

Mia suchte von dieser Familie keinen Dank, auch wenn sich die gesünderen Kinder immer wieder dankbar zeigten und dies bis heute tun. Immer wieder kamen die Kinder der Chandlers auch zu Gemeindeveranstaltungen, aber einen Weg zum Glauben an Jesus fanden sie nicht. Doch auch das war für Mia keine Bedingung zur Hilfeleistung, sondern sie dachte an Jesu Worte in der Schrift: „Was ihr getan habt einem unter diesen Geringsten, das habt ihr mir getan.“ Hilfe am Nächsten war für sie niemals nur ein Mittel zum Zweck, sondern ein Zeichen des Dankes für das eigene Leben und die Fürsorge, die sie selbst in Stunden der Not erfahren hatte.

Sonntagschulmitarbeiterin

Neben der ehrenamtlichen Hilfswerkarbeit übernahm Mia eine Mädchen-Sonntagschulgruppe in der Gemeinde. Um auch einen persönlichen Kontakt mit ihren Schützlingen aufzubauen, lud sie die Mädchen in der Woche zu sich nach Hause ein. Sie las ihnen Geschichten vor, arbeitete mit ihnen in der Bibel und sang Lieder mit ihnen. Obwohl sie keine gute Sängerin war, so war es ihr doch ein großes Anliegen, Gott im Lied zu verherrlichen. Als der Prediger ihrer Gemeinde, Isaak Redekopp, mit dem Mia noch in Russland gemeinsam die Schule besucht hatte, sich dazu entschloss, am Tabor College in den USA zu studieren, boten sich die DeFehrs an, für die Zeit des Studiums seine Möbel zu verwahren. Das große Wohnzimmer stand ja sowieso fast leer, und so gab es noch Platz für sein Klavier und den großen Esstisch mit den Stühlen. Jetzt konnte Mia ihre Mädchen am Klavier begleiten. So hatten sie viel Spaß am gemeinsamen Singen.

Natürlich beschränkte sich Mia nicht auf das Singen und das gelegentliche Bibellesen. Ganz Lehrerin, versuchte sie auch hier, ihren Mädchen die Liebe zum Buch und zum Wissen zu vermitteln. Sie sollten auf jeden Fall ihren eigenen großen Selbstwert entdecken und beginnen, die Welt um sich herum zu erobern. Dazu gehörte für Mia nun einmal das Lernen – eine Tatsache, die in den mennonitischen Kreisen ihrer Zeit eher mit Skepsis und Misstrauen bedacht wurde. Vor allem Mädchen sollten „lieber im Haushalt helfen, heiraten und gute Mütter und Ehefrauen werden". Das mennonitische Frauenideal beschränkte die Frau immer noch auf die drei berühmten Ks: Kinder, Küche und Kirche. Doch nichts hinterfragte Mia mehr als eine solche Festlegung. Sicher, sie hatte selbst ihre akademische Karriere ihrem Mann und den Kindern zuliebe aufgegeben, aber doch erst, nachdem sie eine entsprechende Ausbildung, Berufserprobung und persönliche Reife erreicht hatte. Sicher, auch sie glaubte an die besondere Rolle der Mutter im Leben der Kinder und war bereit, alles Außerhäusliche ihrer Kinder wegen aufzugeben – aber gerade für die rechte Erziehung fand sie Bildung so wichtig. Und das gab sie unumwunden an die Mädchen in der Gruppe weiter. Was passierte, war vorhersehbar. Bald beklagten sich Familienväter bei der Gemeindeleitung über Mias Art der Sonntagschule. Die Mädchen seien zu selbständig geworden und stellten allerlei Bildungsansprüche, die einem guten gläubigen Frauenzimmer wohl doch nicht ziemen würden. In den Augen dieser Väter schien sich der Spruch wieder einmal zu bewahrheiten: „Je gelehrter, desto verkehrter."

Natürlich gingen diese Stimmen an Mia nicht spurlos vorbei. Aber die tapfere Lehrerin ließ sich nicht so schnell mundtot machen.

Auch als die Gemeindeleitung die Schließung der Stunde anordnete, kämpfte sie um ihre Mädchen weiter. Nein, nicht mit lauten Worten, sondern mit Argumenten und einem so starken dienstbaren Geist, dass selbst die härtesten ihrer Kritiker bald nachgaben. Und Mia durfte weitermachen. Heute, viele Jahre später, haben es manche Mitglieder der Sonntagschulgruppe zu ansehnlichem Erfolg im Leben gebracht. Und sie wissen, wem sie das auch verdanken.

An der Seite ihres Mannes

Auch Abe setzte sich für die Sache Jesu ein. Als überaus aktives Mitglied der Internationalen Vereinigung Christlicher Geschäftsleute (IVCG) suchte er seine Partner für Christus zu gewinnen. Oft nahm er seine Frau mit, wenn er zu einer IVCG-Konferenz fuhr. Mia fuhr gerne mit und unterstützte die Sache bald fleißig im Gebet. Später schloss er sich der Mennonitischen Organisation für Ökonomische Entwicklung (MEDA) an. Im Auftrag dieser Organisation besuchte er viele Entwicklungsländer und investierte bald große Summen Geld in missionarische Projekte sowohl sozialer als auch evangelistischer Natur.

Dieses konsequente Beispiel der Eltern wirkte sich langfristig auch auf ihre Kinder aus. Sie wuchsen inmitten des Einsatzes für das Reich Gottes auf. Die Selbstverständlichkeit, mit der Mia und Abe über Gemeinde und Mission sprachen und ihre Überzeugung auslebten, hinterließ deutliche Spuren im Leben aller ihrer Kinder. Auch sie begannen bald damit, die Arbeit des MCC zu unterstützen. Frank, der Älteste, setzte sich massiv für die Belange der örtlichen Gemeinde Jesu ein. Arthur und seine Frau Leona verbrachten Jahre in Zusammenarbeit mit dem MCC in Bangladesch, wohnten in Thailand und Somalia, organisierten und ermutigten die Entwicklung verschiedener Missionsstrukturen in der ehemaligen Sowjetunion und vieles mehr. David und Esther waren drei Jahre lang mit MCC in Nigeria. Und Irene, schon immer interessiert an Land, Natur und Tieren, engagierte sich jahrelang verantwortlich in der christlichen Freizeitarbeit. Sie war und ist überaus aktiv in ihrer Gemeinde.

Der Herzenswunsch von Mia, ihre Kinder für den Herrn zu erziehen, ging in Erfüllung. Sie hat ihre mütterliche Mission mit viel Erfolg ausgeführt.

Krankheit und Tod

Anfang Mai 1971 wandte sich Mia an ihren Hausarzt mit Beschwerden in der linken Brust. Sie hatte einen Knoten entdeckt. Die folgende Untersuchung förderte die bittere Wahrheit zutage: Mia hatte Krebs. Nun begann ein langer und mühsamer Kampf gegen diese Krankheit. Mia wurde operiert und unterzog sich anschließend einer Chemotherapie. Die Behandlung, mit viel Schmerz verbunden, veränderte den Lebensstil der überaus aktiven Frau. Jetzt konnte sie nicht mehr Frauen- und Kinderstunden leiten oder sich für den MCC einsetzen. Wenigstens nicht so wie früher. Aber die Krankheit vermochte ihr nicht ihre Liebe zu Gott, zur Familie oder zu ihrer Gemeinde zu nehmen. Sie begann ihren Tag gewöhnlich mit einer Radioandacht von Theodor Epp, betete viel und setzte sich für die Belange der Familie mit ihrem weisen Wort ein. Inmitten eines solchen Krankenhausaufenthalts unterhielt sie sich lange mit ihrem Schwiegersohn Gerry über dessen Taufe und Gemeindegliedschaft. Gerry hatte sich bewusst bis dahin nicht taufen lassen, und niemand schien ihn in seiner Haltung hinterfragen zu können. Nach dem Gespräch mit Mia aber ließ er sich taufen und schloss sich der Gemeinde an.

Nur selten merkten die Besucher, wie es Mia wirklich ging. Sie nahm ihre Krankheit von Gott und gab sie in Gottes Hand zurück. Ihre Tochter Irene berichtet, dass die Krankenschwestern im Hospital sich oft an Mia wandten, um Rat für ihr Leben zu erfragen oder einfach an ihrer Schulter zu weinen. Wie stark sie darin dem Herrn vertraute, zeigt die kleine Episode mit der berühmten Krankenheilerin Kathrin Kuhlman.

Die DeFehrs hielten sich gerade in Kalifornien auf. Mehrere Freunde redeten auf Mia ein, sich doch an Kuhlman zu wenden, damit diese für sie bete und sie somit heile. Berichte über solche erfolgreichen Heilungen füllten in jenen Tagen die Zeitungen. Mia dachte darüber nach und sprach schließlich die Angelegenheit mit ihrem Mann durch. Abe antwortete ihr: „Gott kann Wunder tun und er kann heilen, aber diese professionellen Gesundbeter scheinen mir nicht das Richtige zu sein." Nein, er wollte seiner Frau keine Hindernisse in den Weg legen. Sie konnte seinetwegen zu dieser Kuhlman fahren, denn sie war die Betroffene und durfte selbst entscheiden. Mia fuhr nicht – intuitiv spürte sie, dass ihr Mann recht hatte. Es ging ihr zwar nicht so gut, aber kaum hatte sie diese Entscheidung getroffen, besserte sich ihr Zustand.

Die Zeit der Krankheit schuf zum ersten Mal im Leben von Mia einen zeitlichen Freiraum, der ihr sonst so nicht gegeben war. Mia, aus der aktiven Mitarbeit ausgeschieden, dachte nun intensiv über ihr Leben nach, las Bücher über Lebenssinn und Glauben und hatte bald den Eindruck, sie solle ihre Lebensgeschichte aufschreiben. Immer wieder hatte Gott sie dazu gebraucht, ihr Zeugnis in verschiedenen Gemeinden und in der Öffentlichkeit zu geben. Tausende Menschen hatten so über die Jahre ihre Erfahrungen in der Sowjetunion und ihre Flucht über den Amur geteilt und über Gottes Wirken gestaunt. Also zog sie sich in Florida zurück und begann, ihre Erinnerungen aufzuschreiben. Der plötzliche Tod im Jahre 1977 riss sie jedoch vorzeitig aus dem Leben. Sie konnte ihr Manuskript nicht mehr publizieren. Es erschien dann wenige Jahre später in der Bearbeitung von Gerhard Lohrenz.

Die letzten Monate ihres Lebens verbrachte Mia zu Hause. Sie wollte unbedingt zu Hause heimgehen, ohne die künstliche Lebensverlängerungsmaschinerie. Gott hatte ihr das Leben gegeben und er sollte es nehmen an dem Tage, den er ihr gesetzt hatte. Liebevoll pflegten die Frauen der Mennoniten-Brüdergemeinde ihre Schwester, die für viele zum Vorbild geworden war. Einige Monate vor dem eigentlichen Tod kam auch Anni, ihre Nichte aus Russland, nach Kanada. Sie war die Tochter ihrer Schwester Hulda. Es wurde eine Zeit voller schöner Erinnerungen und anregender Gespräche. Hier am Sterbebett arrangierte Mia auch die Zukunft ihres Mannes: Anni sollte Abe heiraten und für ihn sorgen. Sie sah ihrer Tante so ähnlich und hatte einen warmen, fürsorglichen Charakter. Abe fiel es später auch nicht schwer, dem Wunsch seiner geliebten Gattin Folge zu leisten.

Die Tage der Kranken schienen gezählt. Sie baute nun mit einer erschreckenden Geschwindigkeit ab. Der körperliche Zerfall konnte jedoch scheinbar nichts am Zustand ihres Gemüts bewirken. Frank Derksen, ein langjähriger Freund, berichtet von einem Besuch im Hause DeFehr: „Ich besuchte Mrs DeFehr vier Tage vor ihrem Tod.

Ich zögerte sehr, weil ich nicht wusste, was ich mit ihr reden könnte. Ich öffnete die Tür, sie sah mich und rief: ‚Oh, Frank, wie herrlich, dass du mich besuchen kommst.' Und dann war sie so liebevoll. Wir haben uns oft über Pflanzen unterhalten, weil wir beide leidenschaftliche Gärtner sind. Ich berichtete ihr von der kleinen Farm, die wir gerade gekauft hatten, und dass ich eine Reihe junger Bäume kaufen und pflanzen wollte. Sie war sofort begeistert: ‚Frank, der Arzt versprach mir einen Ausflug und so werde ich zu dir kommen und mir ansehen, was du da so unternimmst.' Das war ihre Art, wie sie Anteil am Leben anderer nahm. Dann erzählte sie von ihren Eltern und der Kindheit. Ich fühlte mich unsagbar erbaut nach diesen zwei Stunden Besuch. Ich glaube, dass sie lebte, was die Bibel verspricht, wenn sie vom Kommen Christi in unser Leben spricht. Ihre Taten sprachen viel lauter als die Worte. Ich kann mich nicht an sie als grimmigen Menschen erinnern, sie war immer freundlich. Und es ist mein Ziel, so zu werden, wie sie es war, und die Liebe weiterzugeben, die sie mir und meiner Familie gab. Und ich habe seit unserem Treffen entsprechende Entscheidungen für mein Leben getroffen. Wir nehmen jetzt auch aktiv an einem Hilfsprogramm für Flüchtlinge teil und helfen, wo immer wir können."

Der Zustand der Kranken verschlechterte sich zunehmend. Am Tag ihres Todes hatte sie ihre Kinder Art und Leona mit deren Tochter Tara zu Besuch. Liebevoll unterhielt sich die schwerkranke Großmutter mit ihrer Enkelin, während Tara ihre Hand hielt, so als wäre sie nicht todkrank. Alles, die großen Schmerzen, die Todesangst, die innere Trauer des baldigen Abschieds, wurden für diesen Moment unterdrückt. Sie war ganz die liebe, weise Großmama und unterhielt sich über Dinge des täglichen Lebens. Als die Kinder nach einiger Zeit gingen, kamen die Müdigkeit und die unerträglichen Schmerzen mit so einer Macht zurück, dass Mia es für besser hielt, ihrer Familie diesen Anblick zu ersparen. Zu stark wurden die Schmerzen und zu mühevoll die häusliche Pflege. Abe bestellte sofort einen Krankenwagen und setzte sich bei der Abfahrt neben sie. Und hier im Wagen schloss sie ihre Augen für die Ewigkeit.

Eine großartige und besonders gesegnete Frau wurde von

Gott in seine Herrlichkeit geholt. Sie hatte ein erfülltes und überaus aktives Leben geführt. Es gab schwere und notdurchdrungene Tage in diesem Leben. Aber er, der Herr, dem sie ihr Leben geweiht hatte, erwies ihr das ganze Leben hindurch seine Treue.

Literaturverzeichnis

ENNS, Mary M. o.J. Mia. The Story of a Remarkable Woman. Winnipeg.
------. 1990. Selma Redekopp. An Unusual Woman. Steinbach, Manitoba.

EPP, Frank H. 1962. Mennonite Exodus. Altona, Manitoba.

DEFEHR, A.A. o.J. Journals of A.A. DeFehr (1879-1966). Unveröffentlichtes Manuskript in englischer Übersetzung. Privates Archiv von Arthur DeFehr, Winnipeg.

DEFEHR, C.A. 1967. Memories of My Life. Recalled for My Family. Altona, Manitoba.

DZIEWANOWSKI, M.K.1985. A History of Soviet Russia. Englewood Cliffs, New Jersey: Prentice-Hall.

FLEISCHHAUER, I. und Pinkus, B. 1986. The Soviet Germans. New York: St. Martins Press.

FRENCH, R.A. 1980. Moscow. In Encyclopedia Brittanica. 15th Edition. Vol. 12, S. 474-486.

GINSBURG, N.S. 1980. Harbin. In Encyclopedia Brittanica. 15th Edition. Vol. 8, S. 631 f.

HARMS, Wilmer A. 1998. The Odyssey of Escapes From Russia. The Saga of Anna K. Hillsboro, Kansas: Hearth.

HSÜ, Immanuel C.Y. 1995. The Rise of Modern China. 5. Auflage. New York & Oxford: Oxford University Press.

KASDORF, Hans. 1991. Flammen unauslöschlich. Mission der Mennoniten unter Zaren und Sowjets 1789–1989. Lage.

KLASSEN, Herbert & Maureen. 1990. Ambassador To His People. C. F. Klassen and the Russian Mennonite Refugees. Winnipeg, Canada.

KRAHN, Cornelius. 1959. Temple Church. In The Mennonite Encyclopedia. Vol. IV, Scottdale: The Mennonite Publishing House, S.693f.

LOEWEN, A. und Friesen, A. 1946. Die Flucht über den Amur. Steinbach, Manitoba.

MARTENS, C. 1935. Schweigende Not. Ein Blick in den Leidensweg des russischen Volkes. Wernigerode am Harz.

NORTH, Robert. C. 1953. Moscow and Chinese Communists. Stanford: Stanford University Press.

REIMER DYCK, Anna. 1979. From the Kaukasus to Canada. Translated and edited by Peter J. Klassen. Mennonite Brethren Publishing House: Hillsboro, Kansas.

SCHROEDER, William und Huebert, Helmut T. 1990. Mennonite Historical Atlas. Winnipeg: Springfield Publishers.

SINJAWSKIJ, Andrej. 1989. Der Traum vom neuen Menschen oder Die Sowjetzivilisation. Frankfurt am Main.

THORNTON, Richard C. 1982. China: A Political History, 1917–1980. Boulder, Colorado: Westview Press.

TORKE, Hans-Joachim (Hg.). 1993. Historisches Lexikon der Sowjetunion 1917/22 bis 1991. München.

TOEWS, C.P.; Friesen, Heinrich; Dyck, Arnold. 1953. Die Kubaner Ansiedlung. Historische Schriftenreihe des Echo-Verlages. Buch 9. Steinbach, Manitoba, Kanada.

TOEWS, C.P.; Friesen, Heinrich; Dyck, Arnold. 1989. The Kuban Settlement. CMBC Publications/Manitoba Mennonite Historical Society: Winnipeg, Canada.

TOEWS, C.P. 1945. Die Tereker Ansiedlung. Historische Schriftenreihe des Echo-Verlages. Buch l. Steinbach, Manitoba, Kanada.

TOEWS, I.A. 1975. A History of the Mennonite Brethren Church. Fresno, California.

TOEWS, John B. 1982. Czars, Soviets & Mennonites. Newton, Kansas.

WILBUR, Martin C. 1968. „Military Separatism and the Process of Reunification under the Nationalist Regime, 1922–1937". In China in Crisis. Vol l, Book 1: Chinas Heritage and the Communist Political System, ed. by Ping-ti Ho and Tang Tsou. Chicago: The University of Chicago Press.

Mehr vom Autor

Die Welt umarmen
Theologische Grundlagen gesellschaftsrelevanten Gemeindebaus
ISBN 978-3-86827-085-3
400 Seiten, Paperback

Ein Buch voller Leidenschaft für die Welt, die Gott verloren hat und die er doch liebt. Johannes Reimer analysiert Gemeindemodelle und macht konkrete Vorschläge für einen gesellschaftsrelevanten Gemeindebau.
Er geht aus von den anschaulichen Gemeindebildern des Neuen Testaments und untersucht ihre Auswirkungen auf das Gesellschaftsleben der ersten Jahrhunderte.

T. Faix, J. Reimer, V. Brecht (Hg.)
Die Welt verändern
Grundfragen einer Theologie der Transformation
ISBN 978-3-86827-122-5
300 Seiten, Paperback

Wie sollen Christen auf die weitgreifenden gesellschaftlichen Veränderungen in der heutigen Welt reagieren? Mit Rückzug?
Im Gegenteil.
20 Autoren geben Antworten, wie transformatorische Prozesse und ganzheitlicher Glaube gesellschaftsrelevant gelebt werden können. Der Bogen wird weit gespannt: von der biblischen Grundlage und dem interdisziplinären Dialog über die Lehren der Geschichte bis zur Praxis transformatorischer Theologie.

Weitere Biografien bei FRANCKE

Nonna Bannister
Das geheime Tagebuch
der Nonna Lisowskaja
Bestell-Nr. 331 152
ISBN 978-3-86827-152-2
288 Seiten, gebunden, 16 Seiten Bildteil

Ein halbes Jahrhundert lang liegt auf einem Dachboden in Amerika ein erschütterndes Geheimnis in einer Truhe verschlossen: Fotos, Dokumente und Tagebucheinträge eines kleinen Mädchens. Dann ist die Zeit reif. Als alte Dame beschließt Nonna Bannister, ihrem Mann Henry ihre Lebensgeschichte zu erzählen. Er muss ihr versprechen, die geheimen Papiere bis zu ihrem Tod niemandem zu zeigen. Und Henry hält sein Versprechen.

Dies ist der packende Augenzeugenbericht der Nonna Lisowskaja Bannister, die als junges Mädchen nach einer behüteten Kindheit die schrecklichen Folgen der russischen Revolution, die Grausamkeiten der deutschen Invasoren und die Zwangsarbeit im nationalsozialistischen Deutschland erlebt und überlebt.
50 Jahre hält sie ihre Geschichte geheim und führt ein normales Leben. Ihre dunklen Erinnerungen an den Krieg schließt sie in einer Truhe ein, die sie erst gegen Ende ihres Lebens öffnet – zunächst nur für sich selbst, dann für ihren Mann und jetzt für den Rest der Welt. Ihr Tagebuch schildert eine Tragödie, aber auch eine unvergessliche Geschichte über Vergebung, Liebe, Mut und Hoffnung.

Mechthild Puhlmann
Himmelsschlüssel
Margarete Neitzel -
ein Leben zwischen Pommern und Paris
Bestell-Nr. 331 074
ISBN 978-3-86827-074-7
320 Seiten, Paperback

Das Bilderbuch eines wundersamen und aufregenden Lebens.
Enge und Weite sind die Pole, zwischen denen Margarete Neitzels Weg verläuft. Vom Gutshof der Großeltern am pommerschen Ostseestrand, der unbeschwerten Kindheit in der Weimarer Republik, bis in die Fesseln nationalsozialistischer Organisationen. Von der unbeschwerten Zeit in Paris unter den Gewitterwolken des Krieges bis zu den Gewissenskämpfen einer Weltenbummlerin, die sich nach Liebe und Geborgenheit sehnt.
Mechthild Puhlmann zeichnet das beeindruckende Bild einer interessanten Frau, die es sich nie leicht gemacht hat, Glauben und Menschsein zu vereinen, ihre Gottesbeziehung aber umso leidenschaftlicher lebt.

Mit einem Nachwort von Roland Werner